13歳からの料理のきほん34

アントラム栢木利美　Toshimi Kayaki Antram

海竜社

はじめに ――「料理本にはのっていない、あたり前で大切なこと」

十数年前の母の日のことです。当時中学生の息子が「今日は母の日だから、カレーを作ってあげる！」と言い出しました（「母の日はカレーを作ろう」という、当時のテレビCMにまんまとのせられたんですね）。

「僕が一人で作るから、お母さんはキッチンに入っちゃだめ！」と追い出されたのですが、5分も経たないうちに、キッチンからお呼びの声。「あのさ、玉ねぎの皮って、どこまで剥《む》けばいいの？」

予想だにしなかった質問に、あきれるやらおかしいやら……。玉ねぎの皮の剥き方をひと通り教えて、キッチンから離れると、再び息子からのお呼びです。「あのさ、水がかぶるくらいって、どれくらい？」「米って洗剤で洗うの？」「中火って？」……。レシピを片手に、悪戦苦闘している息子を前に、「そうか。料理本にはのっていない、料理の常識があるんだ」とハッとさせられました。玉ねぎの皮の剥き方なんて考えたこともなかったし、お米の研《と》ぎ方もあたり前のことだと思って、息子にきちんと教えてなかったことを反省。それからは、ことあるごとに料理前の心がまえや身支度、食材のえらび方、食材の保存法、後片づけまで、口うるさくレクチャーしました。

息子はかなりうっとうしそうでしたが、今ではいちいち私に質問するまでもなく、レシピさえあれば、どんな料理でもできるようになりました。

この本『13歳からの料理のきほん34』は、いわゆるレシピ集ではありません。レシピはある日の献立1食分が登場するのみ。じゃあ、この本の目的は何なのかというと、これから世に出る若い人たちが困らないように「料理本にはのっていない、あたり前で大切なこと」をまとめたものです（冒頭に出てくる息子の素朴な疑問にも、本書の中で回答しています――139ページを参照してくださいね）。

料理って、材料を揃えるのも大変だし、毎日の献立には頭を悩まされるし、手間はかかるし、後片づけも面倒だし、とにかく大変です。カレー一つにしても、コンビニで買ってきたほうが、早いし安いしおいしいし、断然ラク。

それでも私は、口うるさい先輩として声を大にして言いたいのです。「料理は楽しい！」「料理は最高にクリエイティブ！」。そして何より、「気持ちのこもった手料理には人を幸せにする力がある！」。自分の手料理で、誰かがおいしいって喜んでくれたら、それって最高に素敵なことだと思いませんか？

料理の初心者さんにも、ぜひそんな喜びを味わってほしい、そう思うのです。なぜなら、中学生の息子が3時間かけて作ってくれたカレーは、私がそれまでに食べたどんな高級料理よりもダントツでおいしかったから。

料理の世界はとてつもなく奥深くて、「きほん」とはいえ、1冊の本ではとても紹介しきれません。そこで本書には、私が息子に伝えたいと思った最低限のことを詰め込みました。前著『13歳からの家事のきほん46』とあわせて、家事や料理の初心者さんにご愛用いただければうれしいです。

2014年5月20日

アントラム栢木《かやき》利美

CONTENTS

13歳からの料理のきほん34 ＊ もくじ

■ はじめに …… 2

CHAPTER 1

料理をはじめる前のきほん

■「きほんの第一」は「安全」…… 12
■ やる気がグンとあがる身支度って? …… 15
■「安全」「清潔」を意識すると、料理時間が短縮できる! …… 19

CHAPTER 2

調理のきほん

■きほんの調理道具は？　道具たちがお料理を助けてくれる……23
■どんな調味料を揃えたらいい？……29
■正しい包丁の持ち方・扱い方ってある？……32
■料理本に溢れる「料理ならではの表現」を読みときましょう……38
■正しい計量の方法ってある？……43
■きほんのだしって、どんなだし？……46
■味つけのきほん、味見のコツはある？……52

CHAPTER 3 盛りつけのきほん

■献立はどうやって決めるの？……56
■一汁三菜《いちじゅうさんさい》を作ってみよう……60
■楽しい器えらび……70
■ご飯にも正しいよそい方があるの？……74
■どんなお料理にも応用できる盛りつけのコツってある？……78
■煮物、和《あ》え物、酢の物を盛りつけるコツは？……82
■パスタがこんなにおしゃれになる！……84

CHAPTER 4

素材のえらび方と保存のきほん

■おいしい野菜のえらび方を教えて！……88
■野菜を上手に保存すると、お財布にも優しい！……93
■活きのいい魚はどうやって見分ける？……99
■いろいろあるお肉、何を基準にする？……104
■お米やパンの保存法を教えて！……110
■調味料の保存法ってあるの？……113

CHAPTER 5 食べ方のきほん

■上手な箸の使い方が知りたい！……120
■魚にも食べ方があるの？……123
■上手なお肉（ステーキ）の食べ方は？……126

CHAPTER 6 後片づけのきほん

■食器洗いの前にしておくことは何？……130
■食器を洗うコツは？……133
■食器に優しい拭き方・しまい方……136

巻末付録

料理のギモンQ＆A

■玉ねぎの皮はどこまで剥くの？……139
■お米は洗剤で洗うの？……139
■野菜は水からゆでるの？　お湯でゆでるの？……140
■「ひたひた」と「かぶるくらい」って、どれくらいの量？……141
■「強火」「中火」「弱火」って、どう違う？……141

CHAPTER

1

料理を
はじめる前
のきほん

身支度・道具えらび、
料理の前に知っておきたい正しい準備！

Before cooking

「きほんの第一」は「安全」

＊身支度の最大の目的は「安全」

「さあ、お料理をしよう！」と、キッチンに立つ前にしておく大切なことがあります。それは、危険から身を守る「身支度」です。

私自身、ふだん、あまり意識していませんが、実はキッチンには危険がいっぱいなんですね。刃物も使うし、火も使う。料理の初心者さんは、慣れないためにあわてて火傷《やけど》やケガをすることが多いものです。まぁ、ケガを重ねるから、少しずつ上達していくのですが……。

＊安全な身支度って、どんなもの？

では、身を守る身支度とは、どういうものなのか。プロの料理人さんから学んでみましょう。

コックさんの服装を思い出してみてください。コックさんが身につけている「コック服」は、白い長そでのダブル仕立てになっています。さらに、腰から下には、サロンと呼ばれる長い前掛けをつけています。

コック服が白い理由は、火を扱う厨房《ちゅうぼう》の中で、白が最も熱を吸収しづらいから。またケガをした際に、血などが目立つようにという目的もあるようです。長そでで、袷《あわせ》がダブルになっているのは、炎や熱湯による火傷を少しでも防ぐため。サロンも同じく、熱湯などがかかった際にズボンを脱ぐのは時間がかかりますが、サロンならサッとはずせるので、これで火傷を防ぐ目的があります。

この料理人の服装は、日本食の板前さんも、袷が二重になった白衣＋《プラス》白い前掛けと、同じようなスタイルです。

ちなみに、コックさんが厨房で履《は》いている靴には、つま先部分に鉄のカップが入っているそうです。これは包丁や重い鍋などを落とした際に、足を守るためのものだそう。

いかがですか？　一般的な家庭で、ここまで徹底的に身支度する必要はありませんが、プロの身支度から学ぶところや意識すべきところは多いと思います。エプロンやかっぽう着は、単に洋服を汚さないだけのものではなく、安全も加味したものであることを知っておいて損はないですよね。

やる気がグンとあがる身支度って？

＊「さあ、やるぞ！」

私が住んでいるアメリカでは、エプロンをする習慣がありません。「どうせ洋服を洗うのだから、エプロンなんかしなくてもいい」というのは、いかにも合理的なアメリカ人流の考え方です。

でも、私はずっとエプロンを利用してきました。私にとってエプロンは、やる気をグンと高めてくれる大事なアイテムです。

髪をまとめて、エプロンをつけ、腕まくりをしたら「さあ、戦闘開始！」というのは、ちょっと大げさですが、やる気が一気に高まるから不思議です。

＊安全に楽しい気分で料理に向き合う

私の母は、台所に立つときは必ずかっぽう着をつけていました。それを見て育ったせいか、私もキッチンに立つときにエプロンをつけないと、どうも「お料理モード」に入れないのです。

何も大げさに考えることはありません。「きほん」は、調理で汚れてもかまわない服装です。

汚してもよい、シミがついてもよい、というもの。汚れ防止の目的のみであれば、何もエプロンでなくてもかまいません。古くなったTシャツでもいいのです。ただ、かわいい洋服を着ることでモチベーションがあがることって、女性なら誰でも経験ありますよね。「やる気を高める」ことも目的にするのであれば、レースひらひらのエプロンだって、私はかまわないと思うのです。

安全に楽しい気分でお料理に向き合う。これが、料理を好きになる近道なんじゃないかと思います。

ちなみに、私は綿１００％の黒、丈は膝《ひざ》上で前で縛るエプロンを使っています。

エプロンのきほん

1▼体を炎や熱湯から守ること
2▼洋服を汚さないこと
3▼洋服の毛や繊維が料理に入らないこと
4▼手を拭くことができる

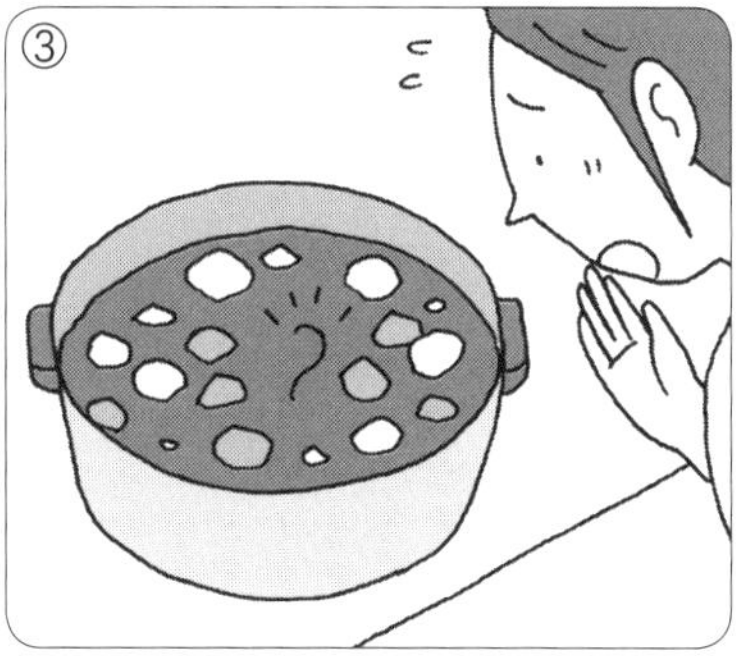

5▼**洗濯しやすく乾きやすい素材**（綿、麻）

6▼**長袖の袖口が濡れるのを防ぐ**（その点、かっぽう着は便利）

自分の身を守り、気持ちも盛り上がるものを身につける。これが料理上手への第一歩！

「安全」「清潔」を意識すると、料理時間が短縮できる！

＊事前の心がけで事故を防げる

さあ、身支度も整ったし、いよいよ料理開始！　その前に、点検すべき「きほんのき」があります。それは「安全」と「清潔」です。

キッチンでのちょっとした出来事が思いもよらぬケガや事故を招くことがあります。何の心がけもなくお料理を始めるのと、きほんを知ってから始めるのでは、ずいぶんと違ってきます。

まず、「安全」面からみていきましょう。いちばん多いのが切り傷と火傷。誰でも（ベテランさんだって）、何度か経験することです。これらはちょっとした心がけで大きな事故を小さな事故に、または未然に防ぐことができます。

＊安全のためのチェックポイント

① 包丁の切れ具合をチェック

▼切れすぎても、切れなくても指を切る可能性は高まります。事前にどれくらい切れる包丁なのか、確認しておきましょう。

▼トマトに刃をあて、つぶれずサッと切れるくらいなら大丈夫。トマトがつぶれてしまう場合は、マグカップなど陶器の器の底に、2～3回刃をこすって研いでみましょう。切れやすくなりますよ。

② 鍋つかみを身近に置いておく

▼鍋つかみが大きすぎると火が移る危険もあるので、大きさと置き場所にも注意しましょう。

③ 鍋を置けるスペースと鍋敷きを用意する

▼熱くなった鍋の両手を、うっかり素手で持ってしまい、火傷するケースがあります。必ず、ガス台、またはIHクッキングヒーターの近くに鍋を置くスペースと鍋敷きを用意しておきましょう。

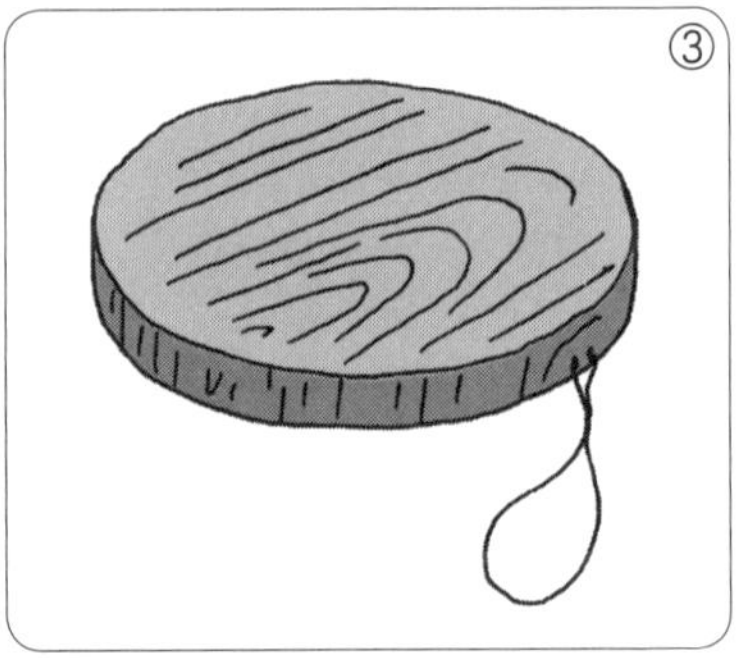

④**お料理前に床を拭《ふ》いておく**

▼キッチンの床に水や油がこぼれていると、滑る原因になるので、必ず拭いておきましょう。滑って転んで、ケガをするというケースが意外と多いのです。

＊「清潔」を守る、5つのポイント

次に大事なのが「清潔」。食中毒の多くはキッチンから発生します。これは、料理をする人が気をつけることで防ぐことができます。怠らず、抜かりないよう気をつけましょう。一家の台所を預かる主婦って、けっこう責任重大なんです。ですが、次の5つのポイントを心がけていれば、ほぼ大丈夫です。

①**爪《つめ》を切る**　今、ネイルが流行《はや》っていて長いつけ爪にネイルを施《ほどこ》している人も多いようですが、爪の間のごみは、衛生上よくありません。どうしても切るのがいやな人は料理用手袋をつけましょう。

②**料理前には、必ず手を洗う**　洗剤で指と指の間まで時間をかけてきれいに洗います。洗ったあとは、清潔なタオルで拭きましょう。

③ 生ものの魚や肉を切った包丁は必ず洗う

洗わずに使うとサルモネラ菌が繁殖する原因にもなるので洗剤、漂白剤をつけて、よく洗い、最後は熱湯をかけましょう。

④ まな板は流水で洗う　生ものを切ったときは、洗剤、漂白剤をつけて、必ず水で洗います。熱湯で洗うと、肉や魚のたんぱく質がこびりつくからです。流水でたわしなどを使い、しっかりこすり洗いしてください。

⑤ 賞味期限のチェック　賞味期限は、どの食品にも明記されています。使う前には必ず、賞味期限を確認しましょう。賞味期限は製造元がおいしく食べられることを保証する期限なので、それを目安にして、判断しましょう。

料理を始める前には必ずお手洗いへ行っておきましょう。調理中だとエプロンをはずしたり、手を洗ったりと、何かと時間がかかるものです。時間短縮のためにも、調理前にすませておきましょう。

きほんの調理道具は？ 道具たちがお料理を助けてくれる

＊必要最低限の道具で、時間短縮！

お料理をするのに欠かせないのが、調理道具です。お店の店頭にはカラフルな調理道具が溢れていて、あれもこれもと欲しくなりますが、「最低限、これさえ揃っていれば何とかなる！」という調理道具を考えてみました。

必要ないものに囲まれて、調理時間をとられるより、必要なものだけを揃えて、時間短縮！　これが私流のお料理のコツです。これらがベストなわけでは決してありませんが、参考にしてみてください。

お料理をすればするほど、その便利さや機能を実感できるはず。調理道具は、あなたを助ける強い味方です。

＊あなたを助ける調理道具

① 包丁

▼料理をするにあたり、いちばん大切なものは包丁でしょう。包丁にもいろいろありますが、初心者には三徳《さんとく》包丁という、肉や魚、野菜にも、万能に使える長さ20センチぐらいの包丁が適しています。初心者にはステンレス製が使いやすいでしょう。

② まな板

▼木製とプラスティック製がありますが、衛生面から現在ではプラスティック製がおすすめです。えらぶときは持ちやすく、少し幅の広いものが使いやすいですよ。今では、カラフルな色で、形もハート形や動物をかたどったもの、真ん中から二つに折れて材料をそのまま鍋などに入れられる便利なものもあります。自分が使うときに、ときめくものを探してみてくださいね。

③ **テフロンのフライパン**

▼フッ素樹脂加工のフライパンは焦げつきも落ちやすく、錆《さ》びにくく、使いやすい。まさに三拍子揃った初心者向けです！　大きさは直径16〜18センチの小さなフライパンと、24〜26センチの大きなフライパンの2つがあれば、理想ですが、初心者さんなら大きいほうがおすすめです。この際、必ずフライパンの大きさに合ったガラス製のフタを買うと調理中に中が見えるだけでなく蒸し焼きにも使えますし、鍋の代用として、野菜やパスタをゆでるときにも使えるので便利ですよ。

④ **お鍋**（片手小鍋、または両手鍋）

▼片手の小鍋は、ゆで卵を作るときや、ちょっとした青菜をゆでるのに便利です。両手鍋は、ご飯を炊くこともできますし、カレーやシチュー、おでんなど煮込み料理に向いています。

⑤ **キッチンバサミ**

▼現在の調理には、キッチンバサミは必需品。のり、昆布、春雨、魚、肉などの素材を切ることもできますし、食材の入った袋の口を切ったりと、調理の時間短縮に大活躍します。

⑥ **計量カップ・計量スプーン**

▼料理のきほんはレシピの通りに作るということ。それにはきちんと量ることが必要です（量り方のきほんは、2章で紹介していますので、参考にしてください）。

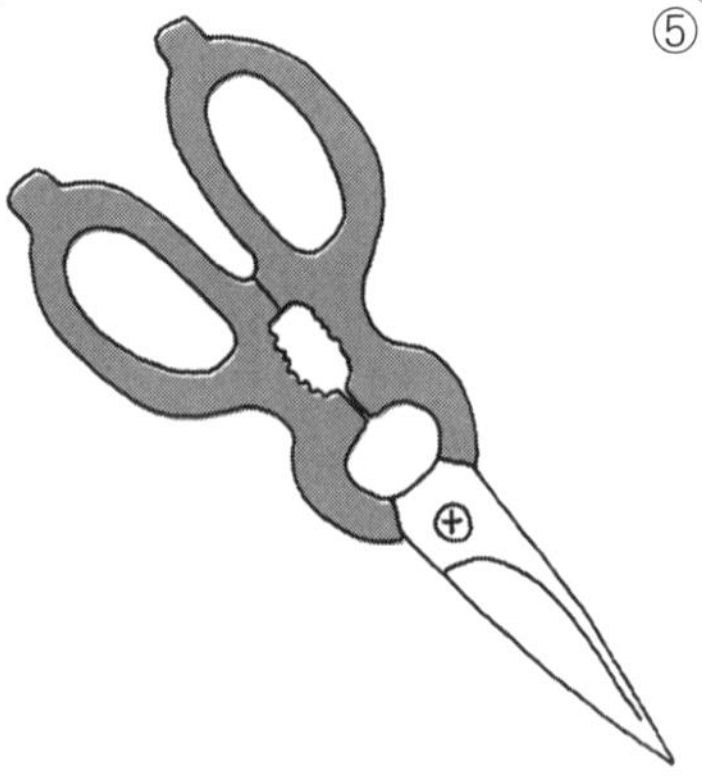
⑤

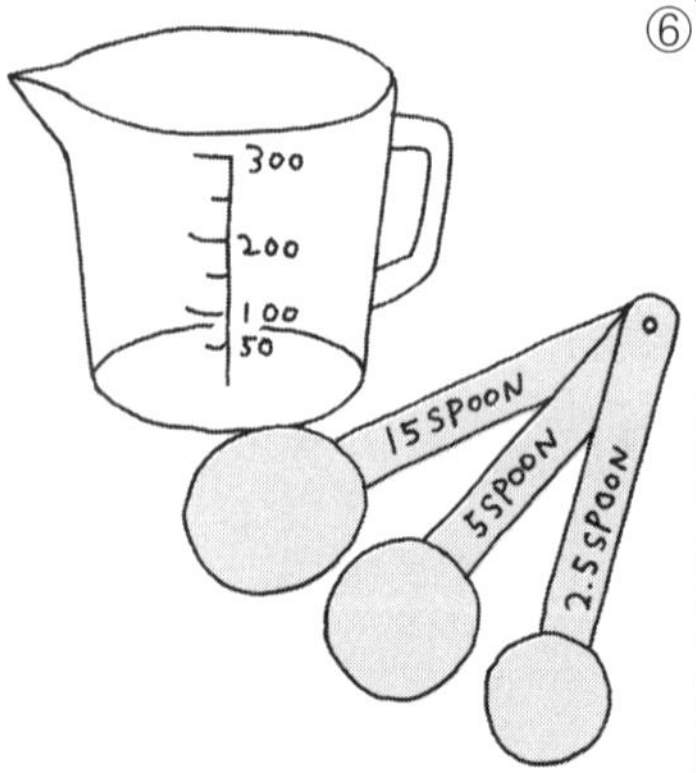

⑥

⑦ ボウル・ざる

▼熱にも強いステンレス製をおすすめします。ゆでたものをざるに移したり、ボウルの中で洗ったり、浅漬けをしたり、和《あ》え物を和えたりとにかく重宝します。ざるは、持ち手のあるものにすると、ゆでたものを湯からあけるときや引き上げるときに便利です。

⑧ トング・菜ばし

▼以前は菜ばしですべてをこなしていましたが、トングの登場で少し出番が少なくなったかな。つかみにくいものでも、トングがあれば大丈夫！　握りやすく、手になじむものが使いやすいでしょう。シンプルで洗いやすさも考えて、買うことをおすすめします。

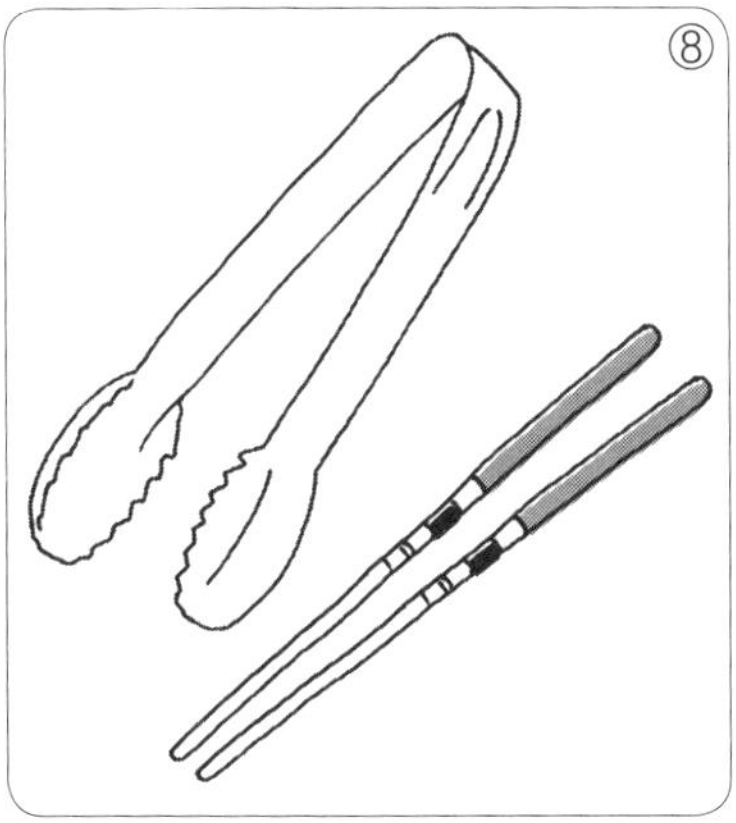

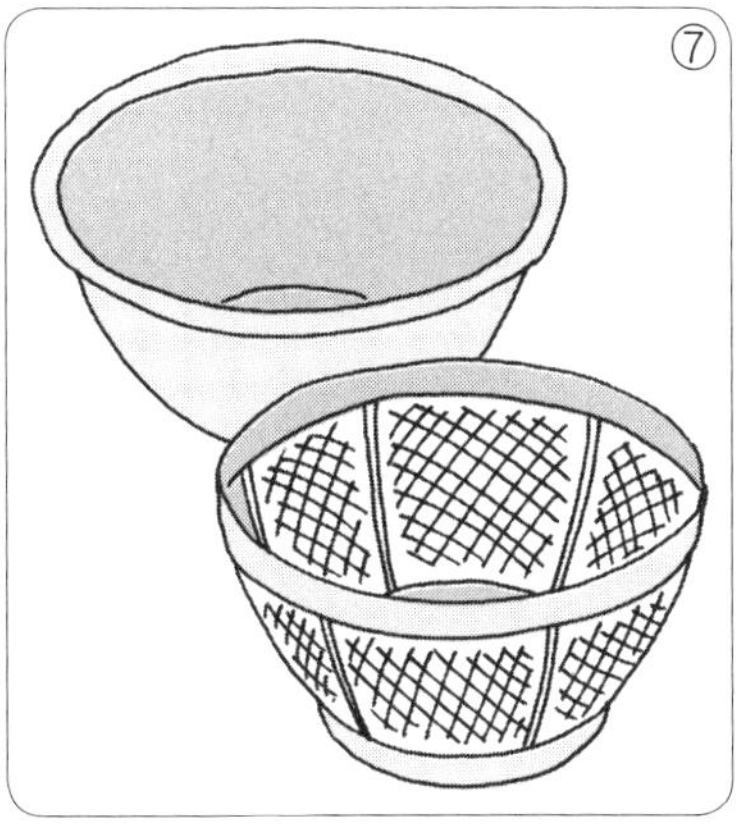

⑨ ピーラー・おろし金

▼じゃがいも、大根、にんじん、アスパラの皮むきなど、簡単に剥けるので便利です。おろし金は、しょうがやにんにくをすりおろして薬味に使ったり、大根おろしにしたり、他にもいろんな料理に使えます。

⑩ お玉、フライ返し、泡立て器

▼汁をすくうのに必要な玉じゃくし。フライ返しはフライパンの中のものを返すのに使います。フッ素樹脂加工で、フライパンなどを傷つけにくいものがおすすめです。泡立て器は卵やホットケーキなどを混ぜ合わせ、泡立てるのに使います。

あまり、調理器具を増やし過ぎると、目当ての道具がすぐに探し出せなかったり、どれを使ったらいいのか迷ったりと、かえって時間がかかってしまいます。初心者さんは、必要最低限の道具で始めてみてください。

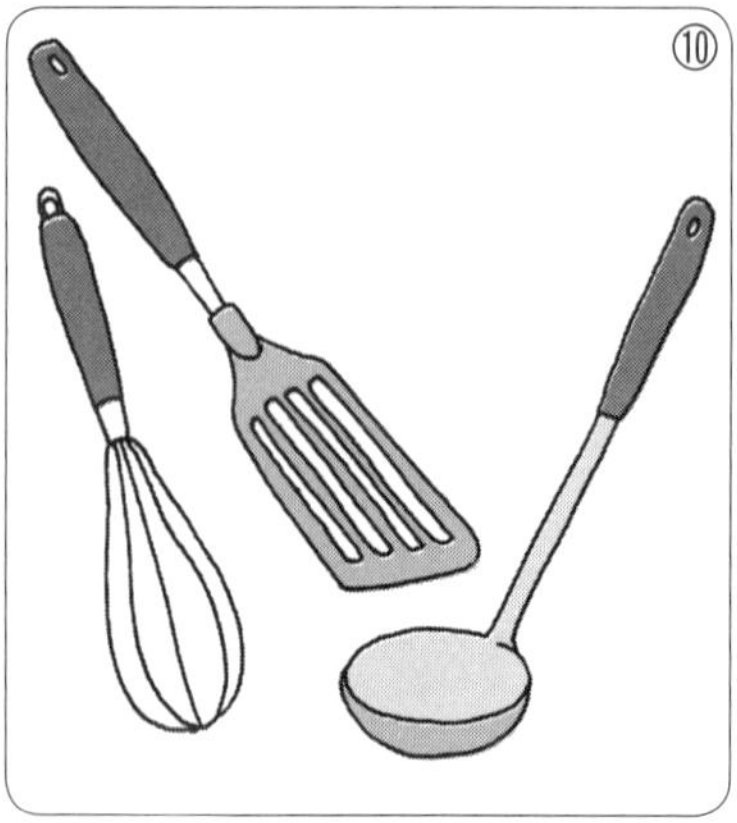

どんな調味料を揃えたらいい？

＊最初に揃えるのは「さしすせそ」

和食の調味料のきほん「さとう（さけ）、しお、す、せうゆ（しょうゆ）、みそ」は聞いたことがありますよね。これは単なる語呂合わせではなく、味つけする際の順番を示したもの。砂糖や酒は、食品をやわらかくする効果があるので最初に入れます。お酢、醤油、味噌は風味が飛びやすいので、火からおろす直前に入れます。お料理のきほんの「さしすせそ」には、昔の人の知恵が詰まっているんですね。ちなみに、家事のさしすせそ「裁縫《さいほう》、躾《しつけ》、炊事《すいじ》、洗濯《せんたく》、掃《そう》除《じ》」もあるんですよ。おもしろいですね。

＊「さしすせそ」以外に必要なものは？

さあ、では「さしすせそ」以外には、とりあえず何を揃えたらいいか？　息子が一人暮らしを始めるときに、私がアドバイスしたのは次の7つの調味料です。

① **こしょう**

▼お肉料理には欠かせません。難しい料理はできなくても、とりあえず肉を塩、こしょうで下味をしっかりつけて焼くだけでも、素材の味が生きたシンプル料理になります。

② **けずり節**（または、だしのもと）

▼お味噌汁を作るときや冷や奴、野菜炒めや和え物に使います。だしのもとは手軽でいいですが、かつお節でも同じくらいうま味を感じることができるので、おすすめです。

①

②

③ マヨネーズ・ケチャップ・ソース

▼マヨネーズはサラダに、ケチャップは卵料理との相性バツグン、ソースはお好み焼きや焼きそばなどに使います。

④ オリーブオイル・ごま油

▼オリーブオイルはパスタ料理に。また、パンなどをオイルに直接つけて食べても意外とおいしいですよ。ごま油は中華風の炒め物に使うと、ひと味違う風味を楽しめます。また、オリーブオイルもごま油も他の調味料とミックスして、ドレッシングや合わせタレを作ることができます。

後は必要に応じて、わさびやからし、マスタード、ごまなど、料理のレパートリーに合わせて買い足してください。

正しい包丁の持ち方・扱い方ってある？

＊誰も教えてくれない、でも大事なこと

これからお料理を始める皆さんにぜひ身につけておいてほしいことがあります。それは、「包丁の正しい持ち方」です。

実は私、包丁の持ち方が下手なのです。誰にも教わらず、自己流の持ち方でそのまま何十年も通してきたため、今さらそれを改めることもできず……。一人でキッチンに立つ分には、不自由なく楽しんでいますが、何人かで集まってお料理するときにはちょっとだけ恥ずかしい。

前著『13歳からの家事のきほん46』でも、紹介した「正しい包丁の持ち方」ですが、もう一度、おさらいしておきたいと思います。

＊包丁は正しい姿勢で、正しく持つ

正しい姿勢

①▼体を調理台から10㎝ほど離して、まな板に向かいます。

②▼右足（左利きの人は左足）をいく分後ろに引きます。

③▼肩の力を抜いて、両腕を素直に調理台に出して切ります。

④▼材料を切るときは、目線は常に材料から離さないようにしましょう。

切るときは、調理台に寄りかからないように、きちんと上体を支えましょう。

左手（左利きの人は右手）は、指を曲げて（猫の手のようにして）材料を押さえ、突き出た中指の第一関節に、右手の包丁の側面が当たるようにし、包丁を動かします。左手首はまな板につくように下げると、安定しますよ。

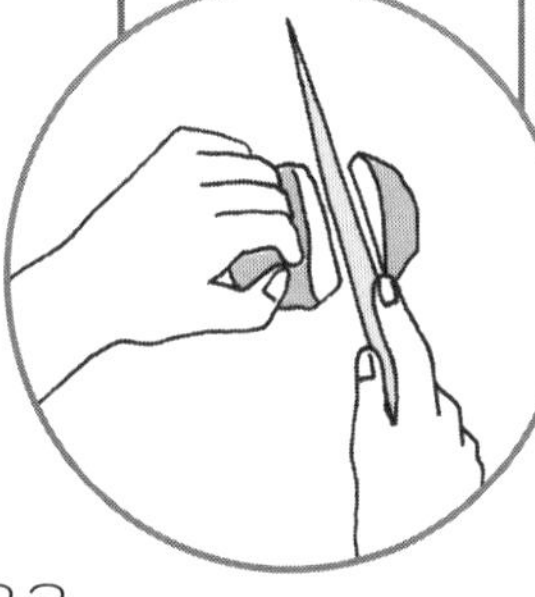

正しい持ち方

A▼親指、人さし指、中指で包丁の柄《え》の付け根部分をしっかり握ります。薬指と小指は添える感じに。

B▼このとき、人さし指を伸ばし、包丁のミネ（背）にあてて持ってもよいです。どちらか、持ちやすいほうで試してみてください。

▼手の平と柄の間はほんの少しあいている感じで、切るものに刃先をあてます。

▼刃先全体は使わずに、刃先のほうから刃の3分の2くらいまでを使います。

※かたい素材を切るときは、指と手の平全体に力を入れて強く握りこむ持ち方をします。

包丁の動かし方

①魚や肉は包丁を手前に引いて切ります。

②野菜は向こう側へ押すようにして切ります。

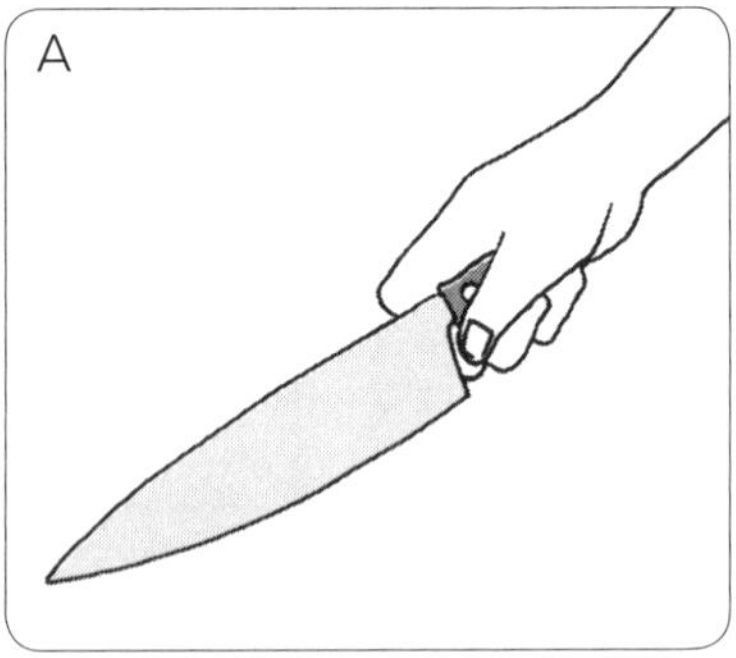

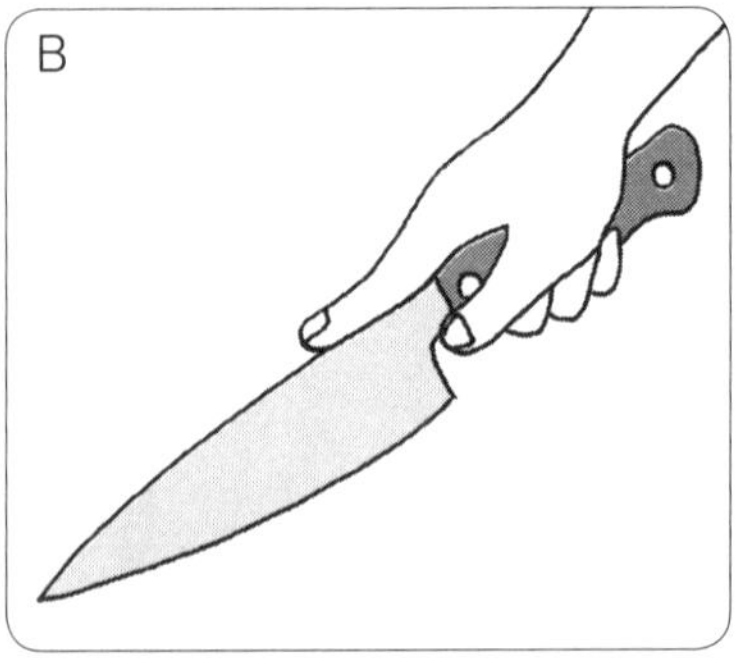

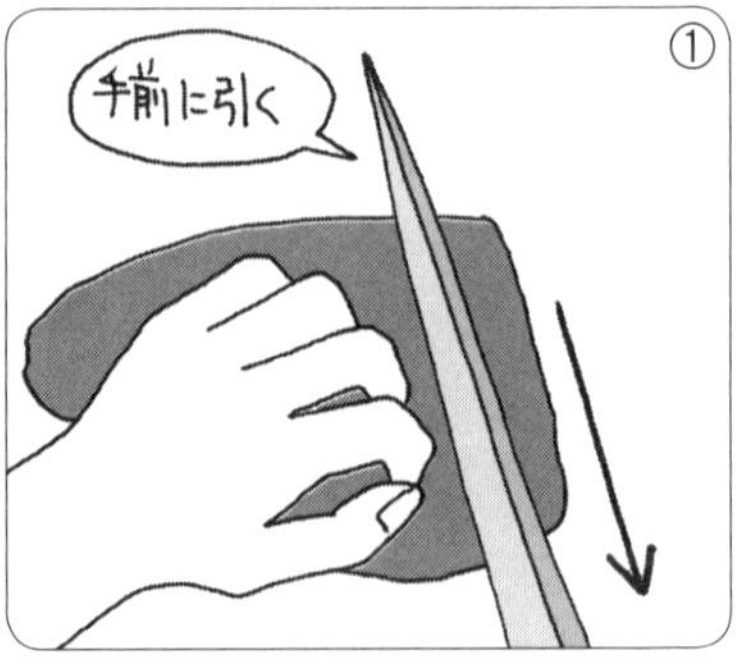

＊扱い方も注意が必要！

もう一つ、確認しておきたい大事なことがあります。おそらく、誰もが家庭科の授業で教わったことです。

とてもあたり前のことですが、確認しておきましょう。

①包丁の渡し方

▼包丁を人に手渡すときは、相手に柄のほうを向け、自分は刃のミネ（背）の部分を持って、渡します。

②包丁の置き方

▼料理の途中で包丁を置くときは、必ずまな板の奥のほうに、包丁の刃は向こう側に向けておくようにします。

包丁を手前に置くと、洋服などが引っ掛かって落ちてくるなどの危険があります。

＊キッチンバサミがあれば、包丁はいらない？

ひと昔前は料理をするときに、ハサミで素材を切るなんてことは考えられませんでした。ところが、最近では、包丁と同じぐらいハサミを活用する人が増えています。

切る速度を考えると、ベテラン主婦の手慣れた包丁さばきにはとてもかないませんが、キッチンバサミには利点もたくさんあります。

キッチンバサミの利点

1▼まな板を使わなくてもいい

まな板を洗う手間が省けて、うれしいですよね。

2▼包丁では切りにくいものが切れる

のり、昆布、わかめ、春雨、するめなど、包丁では切るのが難しいものでもキッチンバサミなら簡単に切ることができます。小さな子どもが食べるうどんやラーメンもキッチンバサミで細かくできます。

また、カニやエビの殻に切り込みを入れることもできます。

3▼切る以外の用途も

キッチンバサミのギザギザ部分でぎんなんを割ったり、ビンのふたを開けたりすることもできます。

4▼洗うのが簡単

買うときに、分解できるものをえらぶと簡単に洗えますし、衛生的です。

CHAPTER

2

調理のきほん

レシピの読み方から、正しい計量まで。
調理前に必要なきほんの知識！

Prior to cook

料理本に溢れる「料理ならではの表現」を読みときましょう

＊「ひと煮立ち？」「しんなり？」

テレビをつけるとお料理番組のない日はありませんし、書店には、人気料理研究家のお料理本が溢れています。また、インターネットでは、料理人や料理研究家のみならず、いまや家庭の主婦だってお料理のレシピを公開できる時代です。簡単、手間いらずの初心者さん向けのレシピ集もサイトもたくさんあるので、レシピどおりに作りさえすれば、誰だってお料理上手になれるのでは!?　と思ってしまいます。

ところがどっこい、頭で想像するのと、実際にやってみるのとでは大違い。料理本やレシピサイトによく登場する「ひと煮立ちしたら」「材料に火が通ったら」「野菜がしんなりしたら」「アクを取りながら」……。

こういう表現って、お料理の経験者ならだいたい感じでわかると思うんです。でも、お料理をしたことがない人にとっては、ちんぷんかんぷんですよね？　そこで、料理本によく登場する「料理用語のあれこれ」をいくつかご紹介します。事前に言葉と調理作業のイメージ付けをしておくことで、いざ料理する段階になっても、知らない用語にあわてる場面を少しは減らせると思います。

＊料理ならではの表現、あれこれ

①アク取り

▼野菜や肉を煮るときに、ぶくぶく浮いてくる白く濁った泡がアクです。アクをそのままにしておくと、えぐみが出て料理の風味を損ないます。アクはお玉などでこまめにすくい取りましょう。アクを取るときは、水をはったボウルなどを用意し、すくったお玉をその都度きれいにすすぎましょう。

② アク抜き

▼アクとは調理の途中で出てくる野菜などの苦みや渋みのこと。ナスやごぼう、じゃがいもなどは切ったらすぐに水につけてアク抜きをします。

③ 落としぶた

▼煮物を作るときに、煮汁が材料全体にゆきわたるように鍋よりひとまわり小さいふたを材料に直接のせることです。木のふたや、最近では耐熱性のシリコンのふたなどがあります。また、クッキングペーパーやアルミホイルでも代用できますよ。

④ 塩もみ

▼材料に塩をまぶして手でもみこみ、水分を出してしんなりさせること。きゅうりや大根、きゃべつなどを浅漬けにするときなどに行う下処理です。このひと手間をかけることで、野菜の風味がよくなり、味もなじみやすくなります。塩もみの後は水けをぎゅっとしぼりましょう。

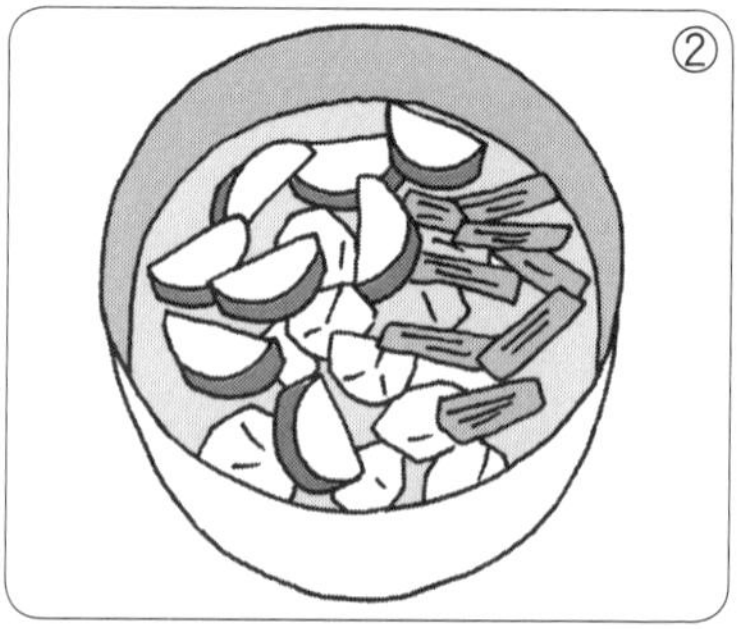

⑤ しんなり

▼玉ねぎなど野菜を炒めるときの炒め具合を表します。クタッとやわらかくなるまで炒めます。見極めるポイントは、野菜がすきとおるまで炒めること。葉物野菜でも玉ねぎでも、すきとおってきたところで火を止めるとちょうどよいでしょう。

⑥ 火が通る

▼肉や野菜などに、まんべんなく火がゆきわたった状態。野菜なら竹串などが、力を入れずにスッととおる状態。肉ならば、竹串など刺してみて、透明な肉汁が出てくるようなら中まで火が通っています。濁った肉汁が出てくる場合は、生焼け・生煮えの状態なので、様子を見ながらさらに火にかけます。

⑦ びっくり水（差し水）

▼めん類などをゆでるときに、沸騰したお湯に、冷たい水を加えることでふきこぼれを防ぎます。沸騰していたお湯が、びっくりしたように急にしずまるので「びっくり水」。なんだか愛らしい呼称ですよね。水を加えることで、お湯の温度が下がり、再沸騰させると、めんの表面がひきしまって、コシのあるゆで上がりになります。

⑧ **ひと煮立ち**

▼沸騰してから、約10〜30秒後が「ひと煮立ち」です。

⑨ **水にさらす**（または水にはなす）

▼野菜などをたっぷりのお水につけること。レタスなどの葉物野菜をパリッとさせたり、玉ねぎなどのアクや辛みを抜くために、水にさらします。また、ほうれん草などの青野菜をゆでた後に冷まして火が通りすぎるのを防いだり、色どめ（青物の緑色をきれいな状態に保つこと）したり、ゆでた後のアク抜きのためにも、水にさらすことは大事です。

⑩ **余熱**

▼調理が仕上がる直前の段階で火を止めて、鍋やフライパン、オーブンの内側に残っている熱が余熱です。一気に加熱するのではなく、この残った熱でじんわりと火を通すことでお肉料理ならばジューシーに、卵料理ならふんわりとろとろに、野菜なら火の通りすぎを防いで、シャキシャキ感を残せます。

これらの料理用語はほんの一例に過ぎません。初心者さんに必要と思われるいくつかを紹介しましたが、料理のレパートリーが増えるごとに、少しずつ覚えていってくださいね。

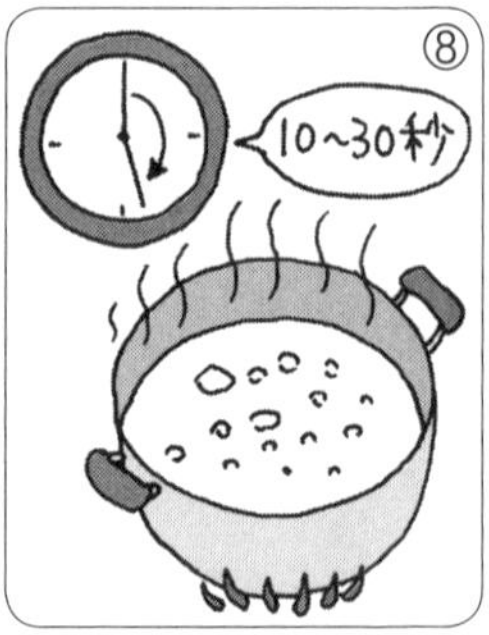

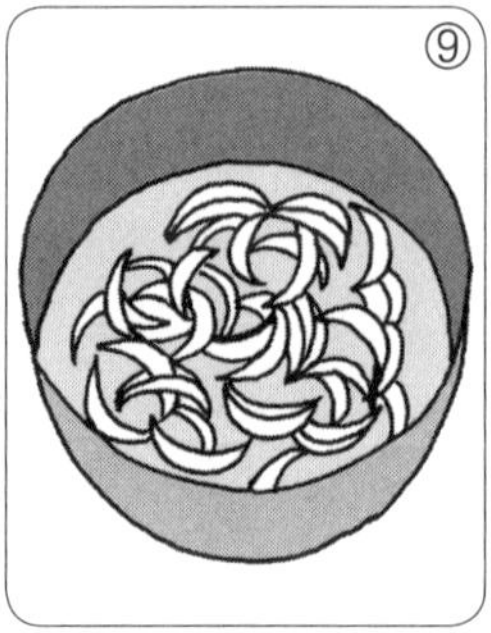

Prior to cook

正しい計量の方法ってある？

＊レシピどおりに作ったのに、なぜおいしくない？

レシピ集にある料理のでき上がり写真は、どれもこれもおいしそう。「よし、これを作るぞ！」と、頭のなかででき上がりをイメージしながらいざ料理！となるわけですが、でき上がったものはイメージとはほど遠く、味もパッとしない……。こんな経験、誰でも一度や二度はあると思います。

「レシピどおりに作ったのに、なんで？」と思ったあなた、ちょっと待ってください。あなたの計量、本当に正しいですか？　料理のできがいま一つだった原因は、あなたの計量が間違っていたからかもしれません。

ここで、正しい計量について、基本をきちんと押さえておきましょう。

正しい量り方

①デジタル量り

▼グラム表示のものは、「量り」で量ります。デジタル量りは、容器をのせて電源を入れると目盛りがゼロになるので、容器の重さに合わせて目盛りを調節する必要がありません。

▼量る材料は、量りの真ん中に置きましょう。容器の重さを気にせず、正しい分量を量ることができます。

②計量カップ

▼1カップとは、計量カップで200㏄のこと。お料理初心者さんにありがちな間違いが、1合と1カップを混同してしまうこと。お米の1合は180㏄なので、間違えないようにしましょう。

▼計量カップで量るときの注意点は、平らなところに置き、目の高さと液体の目盛りが水平になるようにして量ります。

③ **計量スプーン**

▼粉類や液体を少量だけ量るときに使います。大さじ1は15cc、小さじ1は5ccです。

▼液体は、縁《ふち》まで入れ、やや盛り上がった状態が「1杯」。

▼粉類は最初に山盛りにすくって、スプーンの柄などで表面をすりきりして、余分な粉を落とした状態が「1杯」です。

④ **手量り**（少々、ひとつまみ）

▼レシピには時々、「少々」「ひとつまみ」など、数値で表記されないものもあります。

▼よく登場するのが、塩「少々」。これは、親指と人さし指の指先で軽く塩をつまんだ量。計量スプーンなら、小さじ約8分の1ぐらいの量です。

▼「ひとつまみ」は、親指・人さし指・中指の3本の指先で軽くつまんだ量。計量スプーンなら、小さじ約5分の1程度です。

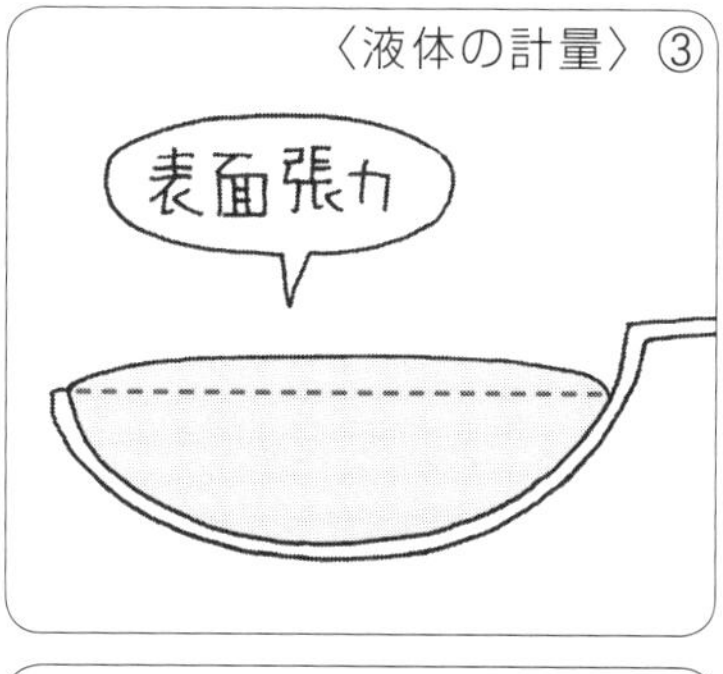

〈液体の計量〉③

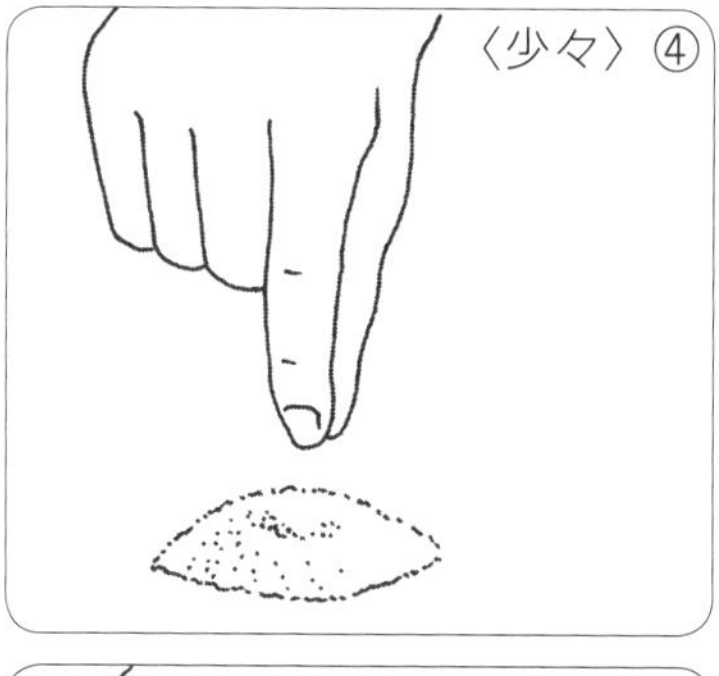
〈少々〉④

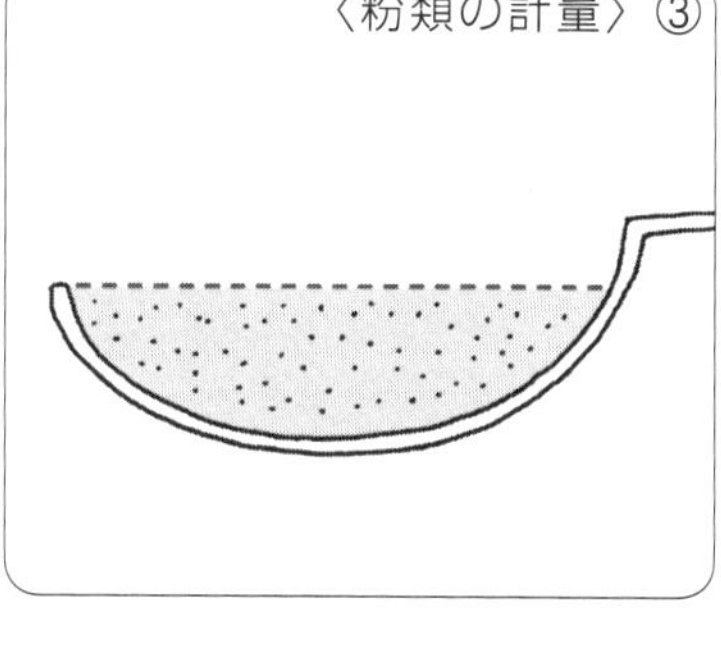
〈粉類の計量〉③

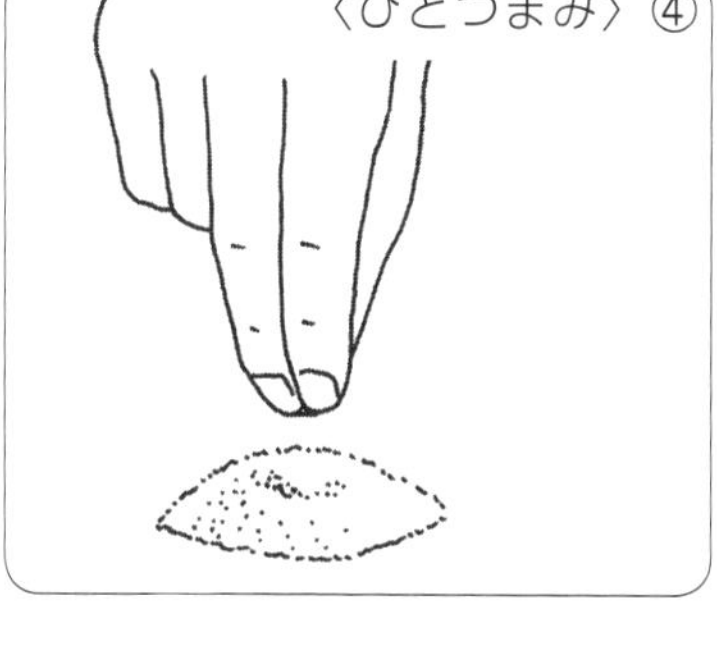
〈ひとつまみ〉④

きほんのだしって、どんなだし？

＊レシピに出てくる「だし汁」って、どんなだし？

レシピに頻繁に登場する「だし汁」。これって、いったい何のどんなだしを指しているのでしょうか。基本的には、肉や魚介、野菜など、食材のうま味がたっぷりとけだしたスープのことを「だし」と言います。

ですが、レシピに出てくる「だし汁」は、主に昆布とカツオのだしを指しています（それ以外のだしを指す場合は、洋食なら「チキンスープ」、中華料理なら「鶏ガラスープ」など、特定のだしを指定することが多いですね）。

昆布とカツオを合わせただしは申し分ありませんが、昆布だけ、カツオだけでも、十分おいしいだしが取れます。

うま味がたっぷり溶けだしたにごりのないスープは、まさに「黄金《おうごん》のだし」！　だしがしっかり取れていれば、味つけはほんの少しお塩を加えるだけでも、味わい深い椀物《わんもの》になります。

＊これで「黄金のだし」が取れる

さあ、それでは「黄金のだし」の基本的な取り方をご紹介します。

昆布とカツオ節のだし

―材料―（でき上がりお椀2杯分）

- **水**……………2カップ（400cc）
- **削り節**………4パック
- **昆布**…………5～6cm角

● 昆布とカツオ節のだし〈材料〉

昆布とカツオ節のだし

— 作り方 —

①▼昆布は乾いた布きんなどで汚れを拭いて、幅1センチほどの短冊状に切る。

②▼鍋に分量の水を入れて①を加え（この時、できれば30分ほど置いてから。時間がなければすぐにでもOKです）、火にかける。火の強さは、鍋底に軽く火が当たる程度（強めの中火くらいで）。

③▼沸騰直前に昆布を引き上げ、削り節を加える。火を弱火にして、2分ほどコトコト煮る。

昆布を引き上げずに、沸騰させると、昆布のぬめりやくさみが出てきてしまいます。必ず、沸騰する前に昆布を引き上げましょう。

①
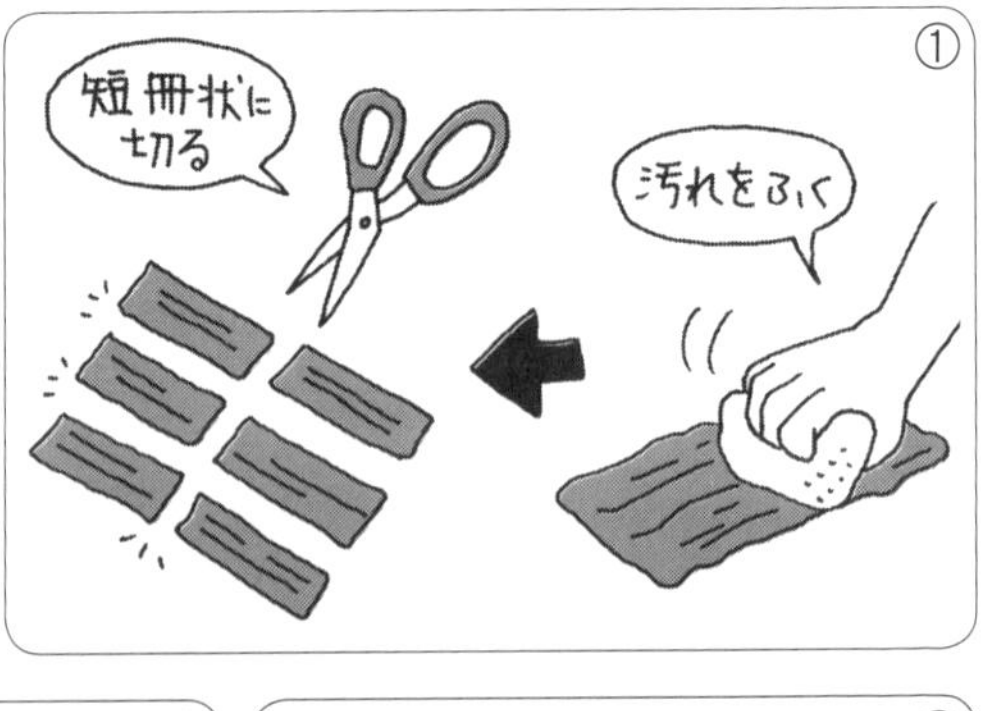

②

③
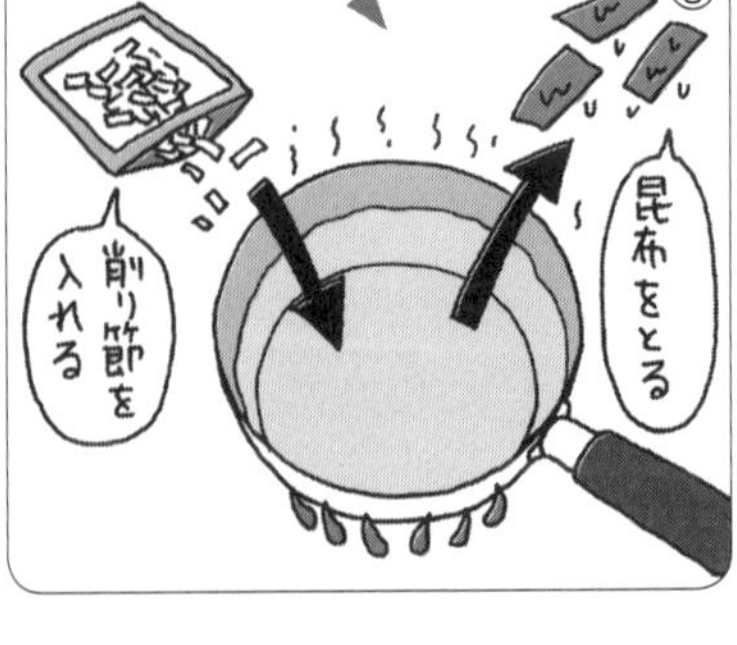

④▼アクが出てきたら、アクをすくって、火を止めます（この時、煮立て過ぎないように注意しましょう）。

⑤▼削り節が沈んだら、ざるで濾《こ》します。黄金のだしのでき上がり。

削り節を濾すときに、かたくしぼったぬれ布きんやキッチンペーパーをざるに広げて、その上から濾すと、にごりのない、より透明なだしになります。

引き上げた昆布や、ざるに残ったカツオ節のだしがらは、甘辛く味つけして、つくだ煮を作ることもできます。初心者さんにはちょっと早いかなと思い、ここでは紹介しませんが、興味のある人は、本やインターネットなどで調べてみてください。

④
あくをすくう

⑤
ざるで濾す

ぬれ布きん or キッチンペーパー

カツオ節のだし

— 材料 —（でき上がりお椀2杯分）

・**水**……………**2カップ**（400cc）

・**削り節**…………**4パック**

— 作り方 —

①▼鍋に分量の水を入れて、火にかける（火の強さは、強めの中火くらい）。鍋の水がふつふつと煮立ってきたら、削り節を加える。

②▼弱火でコトコト2分ほど煮て（アクが出たら、アクを取る）、火を止める。

③▼削り節が沈んだら、ざるで濾す。

水とカツオ節の材料を増やして、多めにだしを取って、ペットボトルなどに入れ、冷蔵庫で保存しておくと、お味噌汁や煮物を作るときに、すぐに使えて便利です。冷蔵庫で4～5日保存できますよ。

●カツオ節のだし〈材料〉

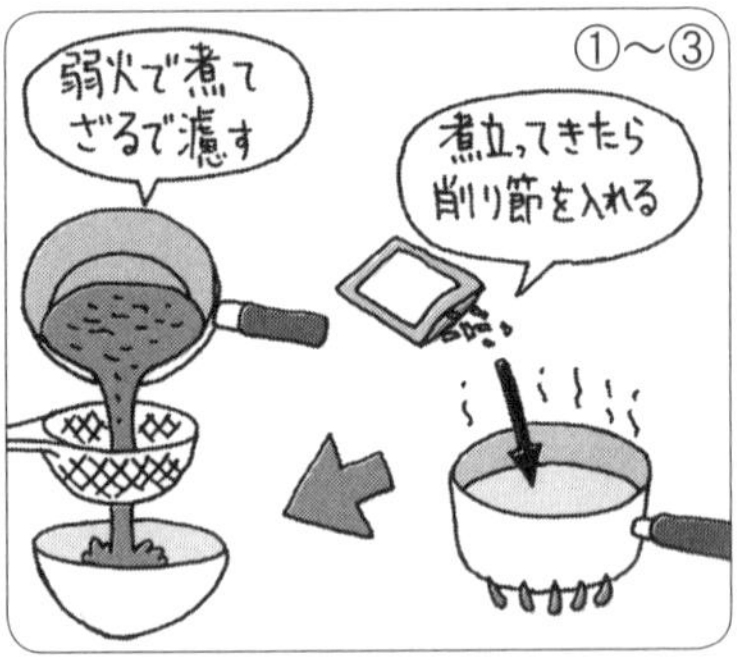

昆布のだし

―材料―（でき上がりお椀2杯分）

・水……………2カップ（400cc）
・昆布…………5〜6㎝角

―作り方―

①▼昆布は乾いた布きんなどで汚れを拭いて、幅1センチほどの短冊状に切る。
②▼分量の水を保存容器などに入れ、①をつける。30分以上（できれば一晩）置いておく。

昆布だしは、火にかけなくとも、水につけておくだけでできるので、とってもラクちん。多めに取っておいて、あとから削り節をプラスし、「昆布とカツオ節のだし」にすることもできます。冷蔵庫で2〜3日保存可能です。

● 昆布のだし〈材料〉

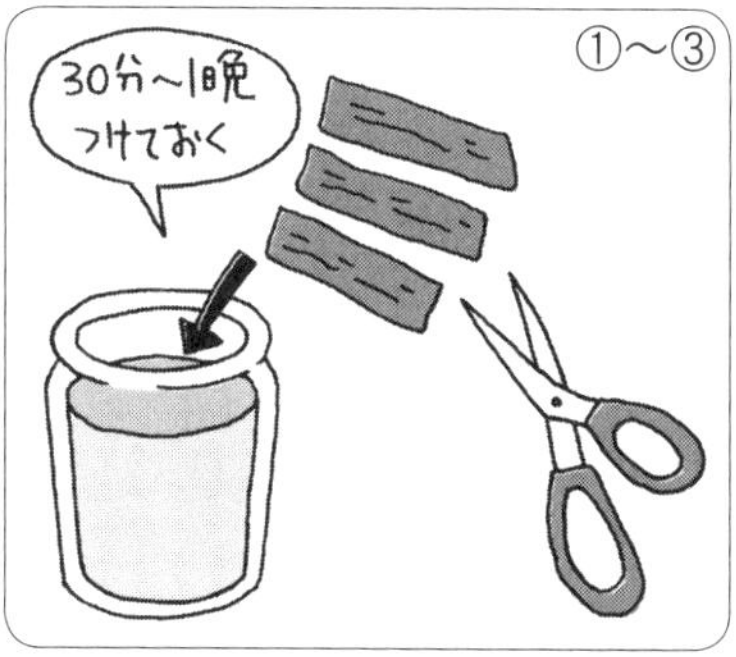

一晩つけた昆布は、引き上げるのを忘れないよう注意しましょう。

「煮干しのだし」の取り方は『13歳からの家事のきほん46』の134ページで紹介しています。よかったら、参考にしてみてください。

味つけのきほん、味見のコツはある？

＊適量って、どれくらい？

お料理初心者さんにとって、料理本でいちばん困るワード。それが「適量・適宜」ではないでしょうか。

適量がわからないからレシピを見てるのに……と、これでちょっとくじけそうになるんですよね。

私のおすすめは、「大さじ1の合わせ調味料」です。

煮物を作るときなど、「お醤油大さじ1、お酒大さじ1、みりん大さじ1」の合わせ調味料を作っておきます。このきほんの合わせ調味料を基準にして、もっと濃い味にしたい場合はお醤油を、こってりした味にしたいときはみりんを、甘辛く仕上げたいときはお砂糖を追加します。

「大さじ1の合わせ調味料」は、ほかでも応用できます。たとえば、二杯酢なら「お醤油大さじ1、お酢大さじ1」、三杯酢なら「お醤油大さじ1、お酢大さじ1、お砂糖大さじ1」といった具合。酢味噌は「味噌大さじ1、お酢大さじ1、砂糖大さじ1」となります。

味噌汁の場合は、お椀1杯分のだしに対して、味噌大さじ1。

ここでもやはり、大さじ1を基準にして、自分好みに調味料を足したり、引いたりしてみる。これなら、少なくとも大失敗はしません。

ちょっとおおざっぱな味つけ法ではありますが、まずは試してみて、自分好みの味を見つけてください。

＊味見のコツ、4つのポイント

味つけに自信が持てなくて、何度も味見を繰り返すうちに、どんな味がいいのかわからなくなってしまった！　なんてこと、ありませんか？（私はときどきあります……）。

味見には、実はコツがあるのです。次のポイントをぜひ押さえてください。

味見の3つのポイント

1▼すぐに飲みこまないで、しばらく口に含んでおく

ものを食べるときって、食べ物をしばらく口の中でモグモグ咀嚼《そしゃく》しますよね。舌は、場所によって感じる味覚が違うのです。酸っぱさを敏感に感じる場所もあれば、塩気や甘みを感じる場所もあります。なので、すぐにゴクンと飲みこんでしまうと、味を舌全体で感じることができないんですね。食べ物を咀嚼するように、味見も舌全体で味わうよう、意識してみてください。

2▼まずは、薄めに味つけする

当然のことですが、味つけは後から足すことはできても、引くことはできません。

薄めに味つけしておけば、煮物などは、煮込むうちにだんだん煮詰まった場合でも、程よい仕上がりになります。もし、仕上げ直前で味見をしてひと味足りないと感じたら、そのときに少し調味料を加えます。

3▼味見の回数は、できるだけ少なくする

何度も味見を繰り返すと、舌の感覚はだんだん鈍ってきます。味見のタイミングは、最初に調味料を加えたときに1~2回、後は仕上げの直前に1~2回。多くても4回くらいまでを目安にしてみてください。まぁ、別にこの回数にしばられる必要はありませんが、そのほうが舌が敏感に判断できると思いますよ。

最後に、いちばん役立つ裏ワザ（心得?・）を一つ。どんな調味料にも勝るのは、料理を作る人の「愛情」です。「おいしくなぁれ」という気持ちで取り組んだ料理は、適当に作ったものより、やっぱりおいしいものです。

献立はどうやって決めるの？

＊毎日の献立、どうやって決める？

今夜は何にしようかな？　一家の主婦が頭を悩ませるのが献立です。これがときどきではなく毎日のことですから、主婦って、本当に大変ですよね。

「自分が食べたいものを作る！」でももちろんいいですし、「家族４人の食費を１０００円以内で」とか「１時間以内ですべての調理が終わるように」など、費用や調理時間を基準に献立を決めるのも一つの手です。

それぞれの家庭によって献立の決め方は違うと思いますし、何が正解ということもありませんが、私が献立を考えるときに少しだけ意識している「献立５か条」があります。

私の献立5か条

1▼メインはお魚かお肉。これをできるかぎり交互で組み立てる

お肉は牛、豚、鶏と、なるべく重ならないよう振り分けています。お魚も同様に、続けて同じ種類にならないよう気をつけています。

2▼メインの調理法を変える

「炒める」「焼く」「揚げる」「ゆでる」などの調理法で変化をもたせるよう意識しています。たとえば、豚ばら肉の薄切りならば、ホイコウロウにしたり（炒める）、しょうが焼き（焼く）にしたり、梅としその葉を巻きこんでフライ（揚げる）にしたり、豚しゃぶ（ゆでる）にしたり、という具合です。

3▼副菜は色で決める

緑－ブロッコリー、ほうれん草、ピーマン、小松菜、オクラなど
赤－トマト、にんじん、パプリカなど
白－大根、長ねぎ、玉ねぎ、かぶ、カリフラワー、豆腐など
黒－わかめ、昆布、しいたけ、のり、ひじき、黒豆など
茶－納豆、じゃがいも、ごぼう、油揚げ、かつお節、ごまなど
黄－かぼちゃ、レモン、パプリカ、卵の黄身など

副菜の色を決めたら、炒め物、煮物、サラダ、おひたしなど、違う調理法で2種類作ります。

4▼なるべくたくさんの素材を使う

副菜にはできるだけたくさんの食材を入れるよう工夫します。たとえば冷や奴を作るときは、薬味にねぎを加えるだけでも十分ですが、しょうが、みょうが、ごま、しそなどもプラスしてたっぷりのせます。すりおろしたしょうがの黄色とみょうが

の赤、しその緑が加わり、地味な印象の冷や奴もちょっとだけ豪華になります。

5▼マスト素材を常備しておく

これらがあれば、とりあえずひと品分は稼げる、というお役立ち食材を欠かさないよう常備しておきます。たとえば納豆。これだって、きちんと器に移し替えて、薬味をたっぷり加えれば立派なひと皿になりますし、厚揚げなら、フライパンでこんがり焼いて、これまた薬味を添えればおいしいひと皿になります。

人間の体に必要な栄養素は「炭水化物（糖質）」「脂質」「たんぱく質」「ミネラル」「ビタミン」の5つ。なるべくたくさんの食材を摂るよう意識すると、自然にこれらの5大栄養素を補うことができます。とはいうものの、それだけ豊富な食材を用意すると、使いきらないうちにダメにしてしまう可能性も高くなりますよね。食材の保存方法については4章で紹介しているので、参考にしてみてください。

一汁三菜《いちじゅうさんさい》を作ってみよう

＊ある日の献立

それでは「献立5か条」を踏まえて、ある日の献立を考えてみましょう。初心者さんのために、いちばん手がかからない簡単レシピで、手順もあわせて紹介します。

まずはメインから。私のラクちん料理で、頻繁に食卓にあがるのが「ねぎ塩だれの豚ばら炒め」。色味は茶色で、少しさみしいのでサニーレタスも一緒にたっぷりと盛ります。

副菜には、メインの茶色・グリーンと色味が重ならないように赤い食材を使った「トマトとチーズのオーブン焼き」。もう一品は、手間いらずの薬味たっぷり温奴《おんやっこ》（色味は白ですね）にしましょう。

これにご飯とわかめとねぎの味噌汁で決定です。

＊作ってみよう

一汁三菜の献立が決まりました。材料はすべて揃っています。あなたなら何から取りかかりますか？

この日の献立のなかで、いちばん時間がかかるのはご飯です。なので、まずはお米を研ぐことから始めます。お米を炊いている間に、おかずを作ります。

＊まずはお米を研ぐことから

ご飯を炊くには、まずお米を研がなければなりません。

お米の研ぎ方にもコツがあります。ゴシゴシと力まかせにすると、お米が割れてしまったり、お米の風味を損なったりします。「優しく」「サッと」を意識しましょう。

お米の研ぎ方

①▼たっぷりの水でさっと指で洗う感じで研ぐ。

②▼2～3回すすぎ、水がきれいになったらOK！

③▼しばらく水につけて、お米に吸水させます。
（夏は30分、冬は1～2時間を目安に）

④▼お米を水からあげて、炊飯器に移します。炊飯器の目盛りどおりに水を入れ、スイッチオン！　あとは炊き上がるのを待ちましょう。

炊き上がった後に、すぐに炊飯器のふたを開けないように。少なくとも10分間はご飯を蒸らしましょう。

①
あまりゴシゴシ
洗わない
②
③
目盛りどおりに
白米
5
3
1
0.5
④
少し時間を
おいてから…

ねぎとわかめの味噌汁

―材料―（2人分）

・だし……………2カップ（400cc）
（だしの取り方は2章46ページ参照）
・味噌……………大さじ2
・カットわかめ……2つまみ
・青ねぎ……………2本（小口切り）

―作り方―

①▼カットわかめを小さめのボウルに2つまみ（親指、人さし指、中指の3本でつまめる量がひとつまみ）入れ、水でもどしておきます。
★「もどす」とは、カットわかめや干ししいたけなどの乾物を水やぬるま湯につけて、元の状態に近づけることです。カットわかめは5分ほどでやわらかくなります。

②▼小鍋にだし汁を2カップ入れて、ひと煮立ちさせます。ひと煮立ちしたら、火を止めて、お椀にだし汁をお玉1杯分入れ、お椀の中で味噌をとかします。

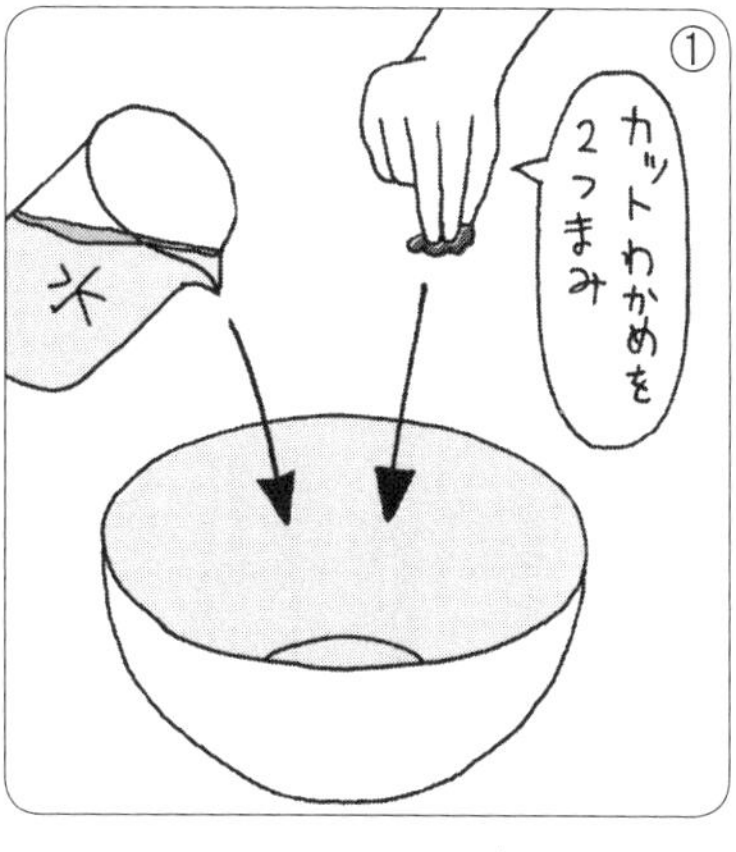

③▼味噌がよくとけたら小鍋にすべてもどし、やわらかくなったカットわかめと小口切りにしたねぎを入れ、もう一度火にかけます。味噌の香りがたってきたら、沸騰する直前に火を止めてでき上がりです。

ねぎ塩だれの豚ばら炒め

— 材料 —（2人分）

・サニーレタス……3〜4枚
・豚ばら肉……350〜400g（薄切り）
☆青ねぎ……4本（小口切り）
☆ごま油……大さじ2
☆塩……小さじ1
☆黒こしょう……少々

— 作り方 —

①▼サニーレタスを水でサッと洗って、キッチンペーパーなどで、よく水気をとっておきます。
▼食べやすい大きさにちぎって、大きめのプレート皿に盛ります。

②▼☆印の青ねぎと調味料を合わせておきます。

⚠

青ねぎの小口切りとは、きゅうりやねぎなどの細長いものを端から切ること。厚みは料理の目的や材料によって変えます。今回の料理では2〜3㎜の厚さの小口切りにしましょう。

（切り方については『13歳からの家事のきほん46』126ページに詳しく出ているので、参考にしてみてください）

③▼豚ばら肉のスライスをフライパンで炒めます。
★このとき、フライパンには油をひかなくても、豚ばらから出てくる脂で炒めあげることができるので大丈夫です。

④▼お肉に火が通ったら（赤い部分が見えなくなったら、だいたい火が通っています）、②で混ぜておいた合わせ調味料を加えて、お肉全体によくからめたらでき上がり！　サニーレタスの上にこんもりとのせます。

レタスとお肉を一緒にモリモリ食べてください。

②
ごま油
大さじ2
塩
小さじ1
青ネギ
4本分
黒こしょう

④＋③
豚バラに
火が通ったら
青ネギの合わせ
調味料を入れる
サニーレタスの
上にのせる

トマトとチーズのオーブン焼き

—材料— （2人分）

・トマト……………2個
・スライスチーズ……3～4枚
・オリーブオイル……小さじ1
・にんにく……………ひとかけ
・黒こしょう…………ひとつまみ（2章45ページ、参照）

「ひとかけ」とはにんにくをばらしたときの小さなひと房のこと。皮を剥いて半分に切ると、中の芯の部分に緑色の芽があるので、取り除きましょう。芽の部分は、消化しにくく香りやえぐみ（苦み）も強いので取ったほうがよいでしょう。

—作り方—

①▼トマトを1・5cm幅くらいにスライスします。

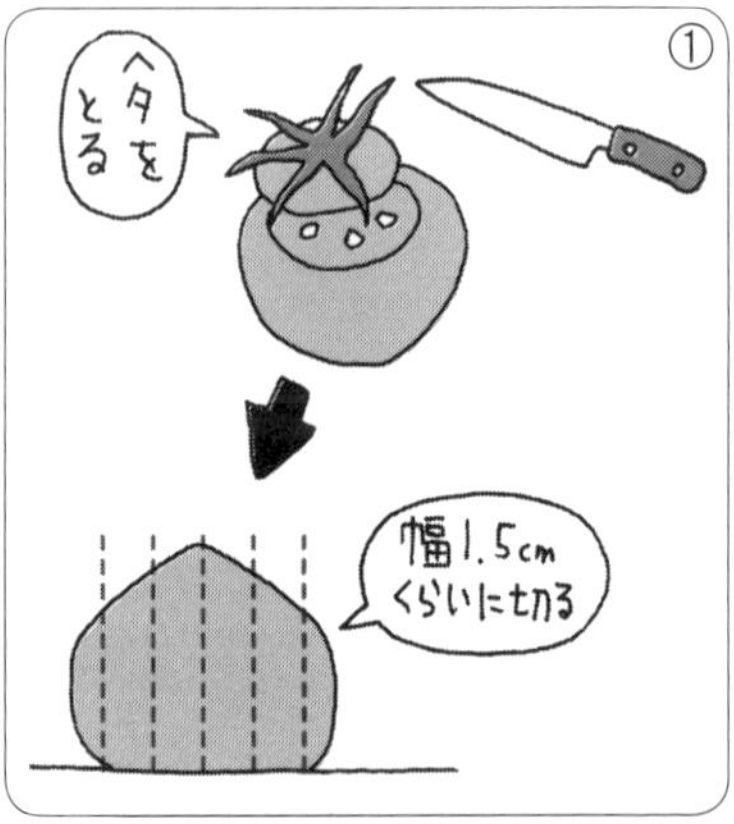

②▼にんにくは、芽の部分を取り除き、みじん切りにしておきます。

> みじん切りとは、材料を細かく切り刻むこと。先に材料を細長く切っておき、そのあと端から細かく刻みます。

③▼耐熱皿に、トマトのスライスを並べ、上からオリーブオイルとみじん切りにしたにんにくを散らします。

④▼③にスライスチーズをトマトの大きさに合わせてちぎりながら、まんべんなくのせて、黒こしょうをふっておきます。

⑤▼オーブントースターに入れて、軽く焦げ目がつくまで焼いたら、でき上がり！

> 火傷しないように、オーブンから取り出し、熱い器をテーブルにのせるときは、必ず敷き物を用意しましょう。

薬味たっぷり温奴

―材料―（2人分）

・豆腐……………1丁（木綿でも絹ごしでも好きなほうを）
☆青ねぎ………1本
☆みょうが……2本
☆しょうが……ひとかけ（しょうがのひとかけは、2㎝角くらいの大きさです）
☆青しそ………2枚
☆ごま…………お好みで

―作り方―

①▼豆腐は1丁を8等分して、キッチンペーパーを敷いたお皿にのせて、電子レンジに1～2分くらいかけます。

★電子レンジから出して、お皿の底に手をあてて、まだ冷たいようなら10～30秒、様子をみながら再度電子レンジにかけてください。

②▼☆の薬味はそれぞれみじん切りにして、小さな容器に盛って、ティースプーンを添えます。

③▼温まった豆腐は食べる直前に鉢に盛って、テーブルに出します。食べるときは、薬味たっぷりとお醤油を好みでかけていただきます。

★薬味はあくまで一例なので、好きな香り野菜でアレンジしてくださいね。

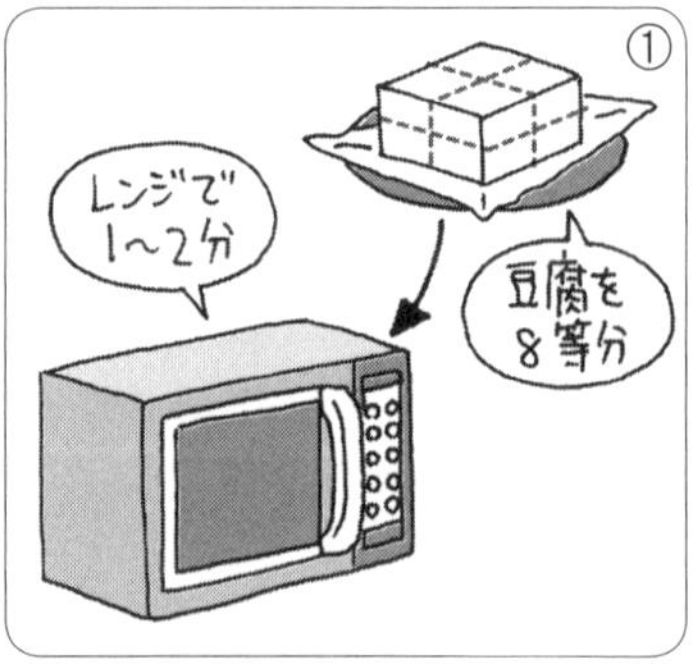

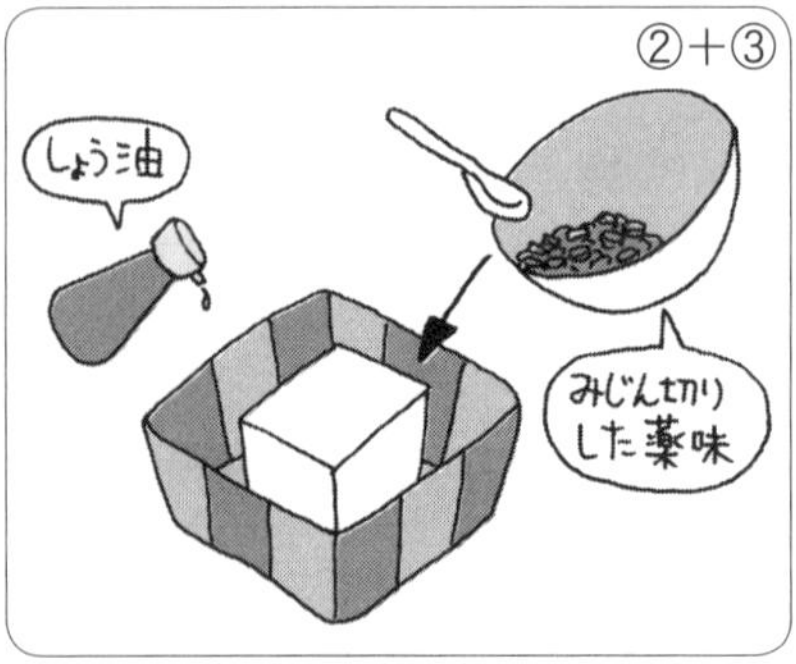

CHAPTER

3

盛りつけのきほん

器えらびから 仕上げまで、
どんな料理にも応用できるきほん知識！

Nicely display the dish

Nicely display the dish

楽しい器えらび

＊料理がおいしく見える器

　でき上がった料理を器に盛る瞬間が、私はいちばん好きです。おすすめは白い大きめの１枚皿。いたってシンプルなお皿ですが、白いお皿は和食でも洋食でも、どんなお料理もバッチリ映《は》えます。

　白いプレートに白いサラダボウルやガラスのボウルを重ねて使うこともあります。シンプルな器は飽きがこないし、料理も映えるし、組み合わせて使う楽しみもある。盛りつけに迷ったら、白いプレートを。

　煮物やおひたし用に、小鉢もいくつか揃えておくと便利ですね。私のお気に入りは織部《おりべ》焼の渋いグリーンの器。煮物や納豆など、茶との相性もいいですし、お豆腐も品よく盛ることができます。

和食だけでなく、意外にトマトのサラダやかぼちゃのポタージュスープなども合いますよ。器えらびのヒントにしてみてください。

他にもカレーやシチュー用の深皿、うどんやラーメン、丼《どん》もの用の丼《どんぶり》、取りわけ用の小皿も数枚あると便利ですね。

＊器えらび5つのポイント

器えらびは楽しいもの。お買いもの好きの女性にとっても料理好きの男性にとっても、「この器にはあの得意料理で彼にふるまおう」とか、「あの器を買ったらあの料理に挑戦してみよう」などと想像をふくらませるのは、わくわくうれしい至福のひと時です。

自分の好みで好きなように買うのも、もちろんいいのですが、お買いものって気持ちが高揚して、無駄遣いしてしまいがち（私は特にそうなのです……）。

そこで！　財布の紐《ひも》がゆるまないように、自分を戒める5つのポイントを決めました。この5つのポイントをクリアしたとき、初めてそのお皿を購入します。

器えらび5つのポイント

① 持ってみて心地よい重さ

▼器には「持って心地よい重さ」があると思うのです。薄くて軽い繊細な器のあまりの美しさに思わず手が伸びる気持ち、よくわかります。でも、毎日のように使うことを考えると、壊れる心配のないしっかりした器のほうが安心です。かと言って、ずっしり重たい器は、洗うときや食器棚に片づけるのが大変です。自分自身で納得できる器の重さが大切です。

② 用途に合った厚さ

▼グラスや茶碗は口元に当てるので、薄すぎず厚すぎず、用途に合わせてちょうど良い厚さをえらぶことが大事だと思っています。たとえば熱いお茶や汁物は、薄い器に入れると熱くて手で持てません。反対に冷たい飲み物は薄いグラスに注ぐと、より涼しげでおいしそうに見えます。

③ 収納スペースがあるかどうか

▼物を増やすときには、まず収納スペースがあるかどうかをきちんと考えます。買ったはいいけど、置きどころがなくて、いつまでもキッチンの隅っこで箱にしまったまま……、なんてことではお買いものしてもちっとも楽しくないし、素敵じゃない。収納スペースをきちんと確保したうえで、我が家の一員として

①

②
熱いお湯を
入れるから少し
厚めがいいな…

迎え入れましょう。そのほうがお皿もいきいき活躍してくれます。

④ 盛りつけを想像してみる

▼素敵な器を見つけたら、そこにお料理をのせて、見栄えを想像してみましょう。どんなにおしゃれな器でも、使いこなせないなら買うのは見送りましょう。物は使って初めて、生きるのですから。使わないのに買うのは、物に対しても失礼ですよね。

⑤ わくわくできるかどうか

▼いちばん大切なのは、やっぱり「わくわく感」。食事は毎日のこと。だからなおさら、「このお皿があったら、毎日が楽しくなるな」「元気をもらえるな」「お友だちも招きたくなるな」……、そんな楽しい想像ができたら合格！ あとはお財布と相談して、自分に無理のない範囲で購入しましょう。

シンプルな白のお皿は飽きがこなくて、どんなお料理にも合います。私は結婚以来、白い無地のプレートを使っていますが、30年間飽きがこなく、使用頻度もナンバー1です。

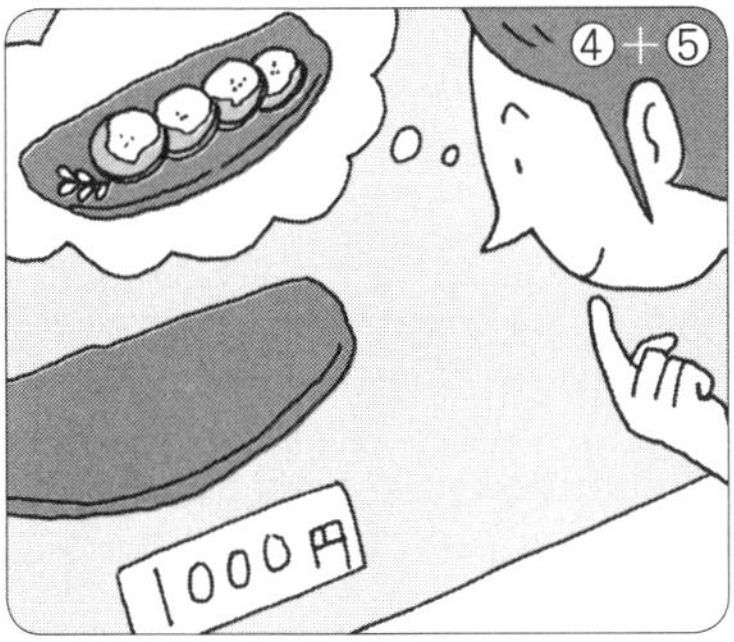

ご飯にも正しいよそい方があるの？

＊ご飯は「装《よそお》う」ように？

小さいころ、私が、ご飯をしゃもじで1回でよそったら、「ご飯の1回よそいは良くないのよ。ご飯は必ず2回以上でよそうもの。もし、1回で十分な量をよそった場合でも、ご飯を入れる真似だけでもして1回よそいは避けるのよ」と母に教わりました。

「1回よそい」とは、亡くなった人にお供えするご飯を1回で盛り切りにする仏事の慣《ならい》なのだそう。

子ども時代の母の教えが忘れられず、アメリカに住む今でもご飯の1回よそいは決してしてしません。子どもたちにはもちろん、アメリカ人の主人や友人たちにも、日本の古い慣習を口伝えしている私です。

さて、「よそう」ですが、ご飯や汁物は「入れる」とか「盛る」と言わず、「よそう」と言いますよね。この「よそう」とは、調べてみると「装う」からきているそう。

日本人には、身を衣服などで装うように、ご飯もきれいに飾り整える、「ご飯を装う」という感覚があったんですね。食に対してかしこまり敬う気持ち、食への美意識がある日本人を改めて誇らしく感じました。

ご飯のよそい方・5つのポイント

それではご飯のよそい方、5つのポイントを紹介します。ご飯を美しく装うことを意識してみてくださいね。

①ご飯を底から返すように混ぜる

▼今では、ほとんどの人が炊飯器でご飯を炊きますが、お鍋で炊いた場合も同じです。ご飯をおいしそうによそうためには、炊きあがったご飯をしっかり蒸らした時点で、まずすることがあります。それは、お米の間に空気を入れるために、ごはんを底から返すように混ぜることです。こうすることで、ご飯のひと粒ひと粒がつやつやし、ふんわりと盛ることができます。

② しゃもじは水にくぐらせて、鍋や茶碗にこすりつけない

▼プラスティック製でも木製でも、しゃもじにご飯がくっつかないように、最初に水にくぐらせておきます。もし、しゃもじにご飯粒がくっついてしまっても、茶碗の縁にこすりつけて取るのはお行儀が悪いとされています。

③ ご飯は茶碗の8分目まで、1回よそいはしない

▼ご飯はお茶碗の8分目くらいによそうのが、見た目もよくおいしそうに見えます。てんこ盛りはみっともないので、たくさん食べたいときはおかわりしましょう。よそう際は、2回以上に分け、1回よそいは避けましょう。

④ご飯を押しつけず、ふんわりと山高くよそう

▼ご飯をよそうときに、たくさん食べたいからと上からぎゅっぎゅっと押しつけるのはやめましょう。せっかくふんわりと炊きあがったご飯粒がべちゃっとつぶれてしまいます。

▼8分目までご飯を入れたら、真ん中がふんわりと山高くなるようにしゃもじで形を整えます。

⑤ご飯は左、味噌汁は右に並べる

▼よそったご飯は、手前左、味噌汁の隣に置きます（和食の正しい配膳については『13歳からの家事のきほん46』138ページで紹介しています）。

Dishing up

どんなお料理にも応用できる盛りつけのコツってある？

＊盛りつけにはコツがある！

懐石料理を食べにいったときのことです。運ばれてくるお料理、一つひとつがあまりに美しくて、料理長に料理の盛りつけのコツを聞いてみました。

「見ておいしい料理」、つまり見た目の美しさを心がけることはもちろん大事ですが、それ以上にプロの料理人が意識していることは「食べやすい」ということ。「お客さまのことを考えて、食べやすいように心がけるほど、料理が美しく見えてくるんですよ」という料理長の言葉に、日本人の「おもてなし」の精神を感じ、感動しました。

プロの料理人のようにはとてもできませんから、料理初心者さんでも真似できるコツを教えてもらいました。それが、次の6つのコツです。

プロが教える盛りつけ6つのコツ

① 盛る量は少なめに

▼器の大きさに対して、目いっぱい盛るのはNGです。器に余白をもたせることが大事。白いプレート皿でも、お皿の6割、多くても7割くらいを使って料理を盛ります。

▼椀物も、6～7分目まで汁物をよそうように。そのほうがお椀のなかで香りがたち、汁と一緒に香りも味わうことができます。

② 立体感をだす

▼和食に限らず、こんもりと小高い山のような立体感のある盛り付けはおいしそうに見えます。器を目いっぱい使わずに、空間を生かして高く盛りましょう。べちゃっと平たく盛った酢の物、平らにならしたパスタやサラダを想像してみてください。うーん……、言わずもがなですよね。

③ 手前低く、奥高い

▼手前に置く料理は低く置き、奥は高くなるよう盛りつけます。たとえば、お刺身の盛りつけ。大根、きゅうり、にんじんなどのつまは、器の奥に高く盛られ、刺身はつまに寄せかかるよう並べ、おろしわさびはさらに手前に低く添えます。

④ 主役と脇役を考える

▼焼き魚には大根おろしやひねしょうが、ハンバーグやステーキにはにんじんを甘く煮たグラッセやマッシュポテトと、一つのお皿に主役と脇役がいることを意識します。主役は魚や肉類で、添える野菜は脇役になります。脇役が目立つような盛りつけはNGです。

⑤色のバランスを意識する

▼日本料理の特徴は美しい色です。色を考える場合、まずは、主役の色がどうすればいちばん映えるかを考えます。たとえば主役が真鯛の塩焼きの場合。真っ赤に香ばしく焼きあがった鯛に、赤いみょうがを添えてもあまり美しくありません。赤い鯛には、塩もみしたきゅうりや、磯の香り豊かな生わかめなどのグリーンが合います。
▼焼き魚に白い大根おろしや赤いひねしょうがを添えるのは、口の中をさっぱりさせる効果もありますが、色合いの相性もバッチリなんですね。

実際の盛りつけに生かせなくても、外でお食事する際に、こんなことも意識しながらいただくと、より料理の奥深さを実感できるように思います。

煮物、和《あ》え物、酢の物を盛りつけるコツは？

＊地味なお料理はどうして地味？

「料理は目から」とも言われるように、盛りつけで「おいしそう」という言葉が聞けたらしめたもの。それだけで、おいしさは加点されます。逆に見た目がまずそうだと、なかなか箸が進まないこともあります。サラダなど派手な色合いの料理をおいしそうに盛りつけるのは、これまでの盛りつけのコツでなんとかなりそうですが、煮物、和え物、酢の物などの地味な色合いの料理をおいしそうに見せるのは、やや難易度が高そうです。

そこで地味な色合いの料理がおいしそうに見えるポイントを考えてみました。

地味色料理をおいしく見せる3つのポイント

① 立体的に盛りつける

▼これはどんな料理でも同じ。ベタッと平面に並べては、見てくれがよくありません。煮物、和え物、酢の物も小さな山になるようにこんもりと盛りつけます。オクラやいんげんなど、細長い野菜があれば、それを立てて盛りつけてもいいですね。

② アクセントに薬味をのせる

▼薬味は味にアクセントをつけますが、見た目にも色を添えてくれるので一石二鳥。薬味には刻んだねぎ、針しょうが、大葉、ゆずなど好きなものをのせましょう。これで印象はだいぶ変わります。ねぎなどは多めに刻んでジッパー付きの袋に入れて冷凍保存しておくと、いつでも使えるのでおすすめですよ。

③ 山の頂上に赤、黄、緑を添える

▼山のトップに目立つ色、糸とうがらし（赤）やゆず（黄）などをのせると目をひきます。煮物の上には、絹さややいんげんなど、下ゆで（あらかじめお湯でさっとゆでておくこと）したグリーンを添えると、料理が華やぎますよ。

パスタがこんなにおしゃれになる！

＊パスタを盛るときの強い味方

パスタは今や、家庭の食卓にたびたび登場する人気者です。せっかく盛りつけるなら、レストランのようにおしゃれで個性的に盛りつけたいですよね。でも、パスタの盛りつけって、けっこう大変。ゆであがったパスタはつるつるしてつかみづらいし、絡めたソースはあちこち飛び散るし……。

そんなあなたに、パスタを盛るときの強い味方を紹介しましょう。「パスタトング」です。これさえあれば、つるつるしたパスタもガッチリつかめます。おしゃれに盛りつけるコツもあわせて紹介しますね。

おしゃれに盛る5つのコツ

1▼少し大きめの器を用意する

大きめの器の余白を十分に生かして、高くパスタを盛りつけます。これは、おしゃれポイントでもあります。

2▼トングを使う

パスタを高く盛るにはどうすればよいのか。ここで、トングの出番です。菜ばしだと、どうしてもパスタがつるつるすべって、うまくつかめません。トングはパスタ料理を作るとき以外でも、お肉を焼いたりサラダをドレッシングと混ぜ合わせたりするときなどにも使えます。

3▼つまんだパスタを回転させながら、丸みをつける

トングを使ってパスタを適量つかみ、持ち上げながら円を描くように置いていきます。つかんだパスタは高い位置からお皿の上に持っていき、パスタを中央に置くときに手を返して、くるりと盛ります。トングを使うとうまく円を描くことができます。

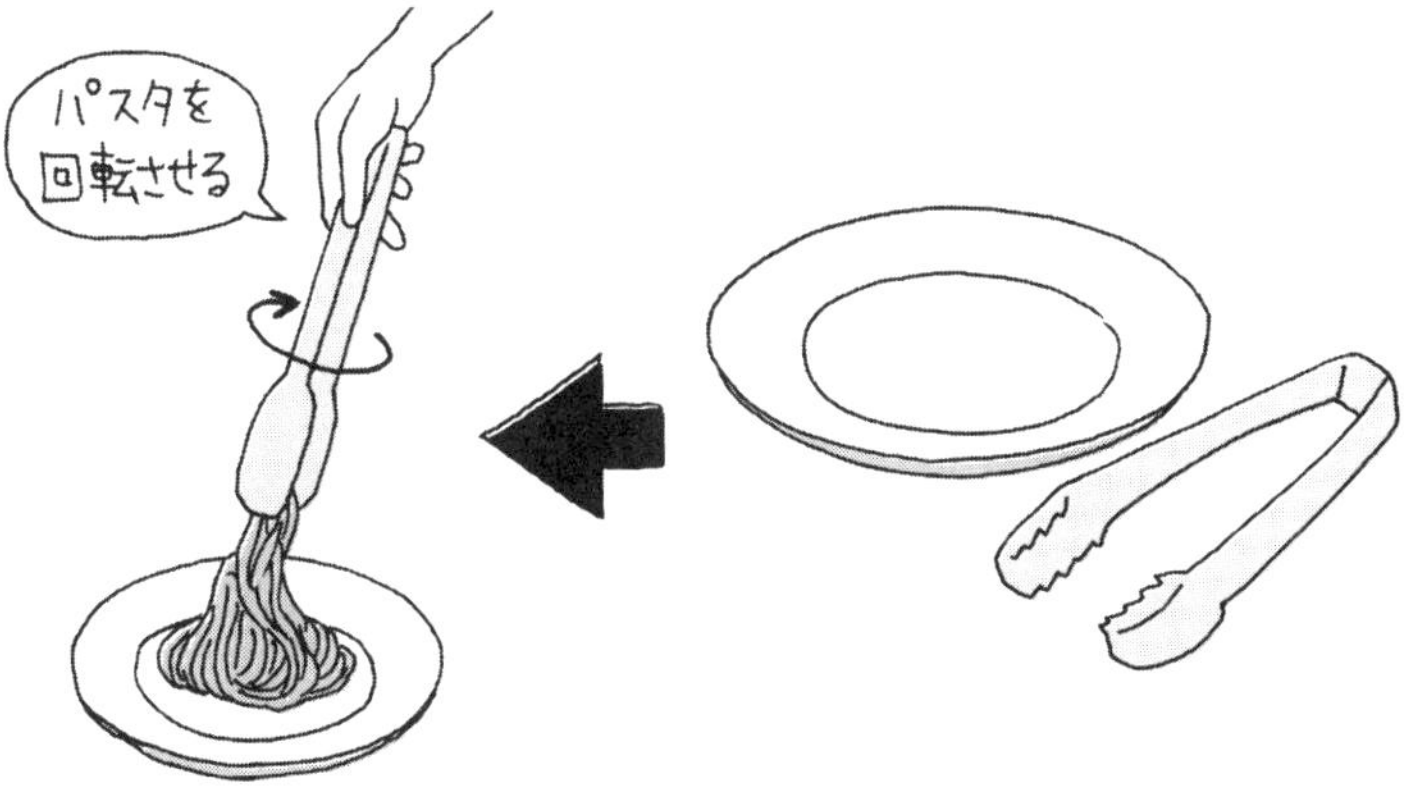

4▼ソース、具は山の頂上に置く

パスタをお皿に高く盛ったら、フライパンに残った具やソースを上にかけ、形を整えます。

5▼お皿の回りをきれいに拭いて、アクセントを散らす

ソースや具のこぼれは、ペーパータオルなどで拭きとりましょう。おいしく見える工夫は最後まで抜かりなく。仕上げにパセリやチーズ、粗挽きこしょうを散らしたらでき上がり！

CHAPTER

4

素材のえらび方と保存のきほん

おいしい食材の見分け方と長持ちさせるコツ

How to store & Select

おいしい野菜のえらび方を教えて！

＊どうしたら新鮮な野菜を見分けられる？

スーパーにはたくさんの食材が並んでいます。できれば、採れたての新鮮食材を、新鮮なうちにおいしくいただきたいですよね。

新鮮な野菜は、あまり手を加えなくても切るだけ、混ぜるだけであっという間に食べごたえ十分なサラダに変身します。

ドレッシングはいたってシンプルにオリーブオイル、塩、こしょう、お酢だけ。ドレッシングには気分でマスタードやお醤油を加えてもおいしいですよ。では、何を基準に鮮度の良し悪しを見分けるか。ここでは、新鮮野菜を見分けるいくつかのポイントを紹介します。

新鮮野菜を見分けるポイント

① きゅうり

▼きゅうりは、表面がトゲトゲしているものが新鮮です。触ると痛いくらいのものは採れたての証拠。なかでも、ヘタの切り口がみずみずしくて傷んでいないものをえらびましょう。よく育ったものは濃いグリーン色です。形は曲がっていても味には変わりありません。

② なす

▼なすをえらぶときは、まずヘタを確認します。黒く色づいていて、ヘタのトゲが触ると痛いぐらいのものは新鮮です。皮の表面につやつやと光沢があるのは日光を浴びてよく育った証拠で、味が良いでしょう。鮮度が落ちたなすは、水分がなくなり、皮の表面にしわが出てくるので、しわのないものをえらびましょう。

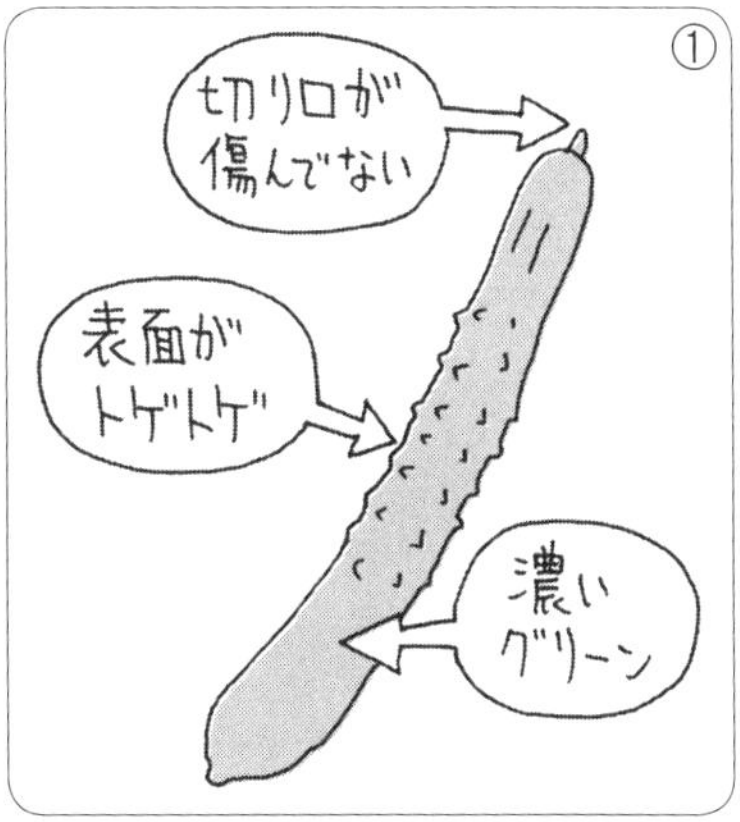
①
切り口が
傷んでない
表面が
トゲトゲ
濃い
グリーン

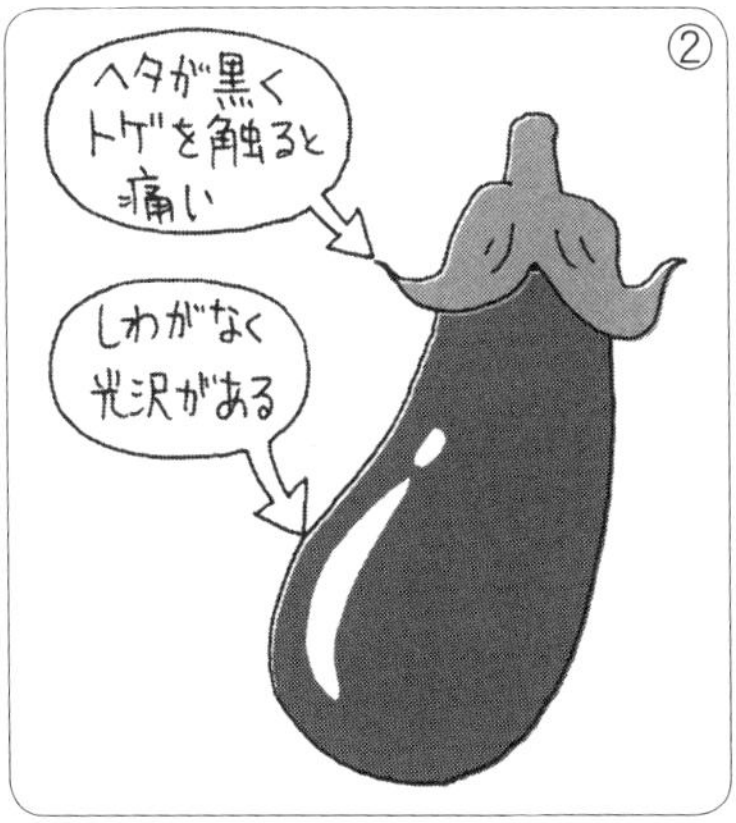
②
ヘタが黒く
トゲを触ると
痛い
しわがなく
光沢がある

③ トマト

▼トマトもまずヘタを確認します。ヘタがきれいな緑色でなるべくピンとみずみずしいものをえらびましょう。真っ赤に色づいたものはよく日にあたっている証拠。持ってみて皮に張りがあってかたく、重たいものが味が良いでしょう。皮にしわがよっていたり、手にしたときにフカフカしているものはＮＧです。

④ ほうれん草

▼根が太くて赤いものをえらびます。葉っぱは厚みがあり、茎が細くて短いのが良いとされています。葉が濃いグリーンのものは、よく日にあたって味が濃いでしょう。葉が黄色っぽいものはＮＧです。

⑤ レタス

▼レタスは葉がしおれてくると、水分が抜けずに重たくなってきます。なるべく巻きがふわっとソフトでやわらかいものをえらびましょう。切り口が白くみずみずしいものは新鮮な証拠です。

③
緑でピンとしている
固く重い

④
濃いグリーン
茎は細い
根が赤く太い

⑤
葉がふんわり
切り口が白く みずみずしい

⑥ 大根

▼首のほうが緑で、根の部分がより白いもの、色のコントラストがはっきりしているものは新鮮です。葉は緑で、シャンと張りのあるものが良いとされています。2分の1にカットされたものを買うときは、切り口がみずみずしくて、断面に繊維《せんい》が浮き出ていないものをえらびましょう。

⑦ ブロッコリー

▼濃い緑のつぼみがつまっているもので、こんもり盛り上がっているものが味が良いでしょう。花が開いてしまっているものはNGです。茎の切り口がみずみずしく空洞のないものは新鮮な証拠です。

⑧ アスパラガス

▼茎が太くて切り口がみずみずしいものを。太いほどやわらかくて甘く、味が良いでしょう。色は濃く鮮やかなグリーンのものをえらびましょう。

⑥
首のほうが緑
繊維が浮き出ていない

⑦
花が開いていない
切り口に空洞がない

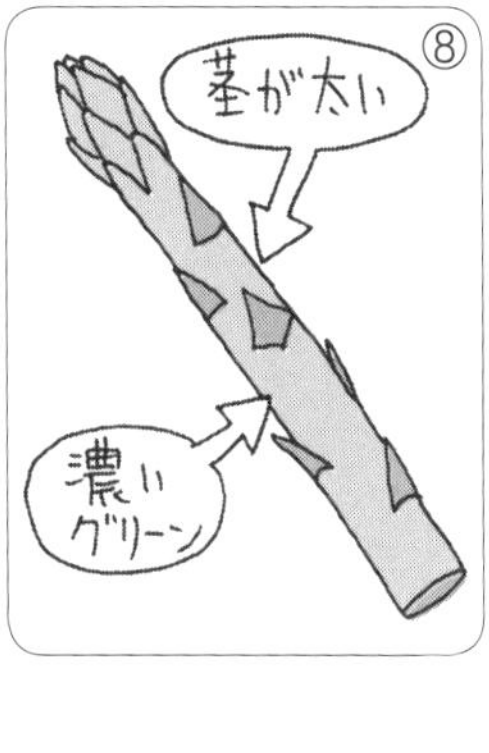
⑧
茎が太い
濃いグリーン

⑨ じゃがいも

▼緑がかっていたり、芽が出たりしているじゃがいもはダメです。皮にしわがよっているのもよくありません。大きく育ちすぎると中身がスカスカの場合があるので、大きすぎず、中間サイズで重みのあるものをえらびましょう。

⑩ にんじん

▼葉の付け根が小さく、切り口が黒ずんでいないのは新鮮。表面に傷がないものをえらびましょう。割れたり傷があるものはＮＧです。にんじんは根野菜なのでヒゲを持っていますが、このヒゲが多く出ているものは収穫してから日が経っている証拠なので避けましょう。

すべてに共通していえることは、みずみずしくて、色がはっきりと濃いものをえらぶということ。野菜の切り口やヘタも鮮度を見極めるポイントになるので、見比べるようにしてください。

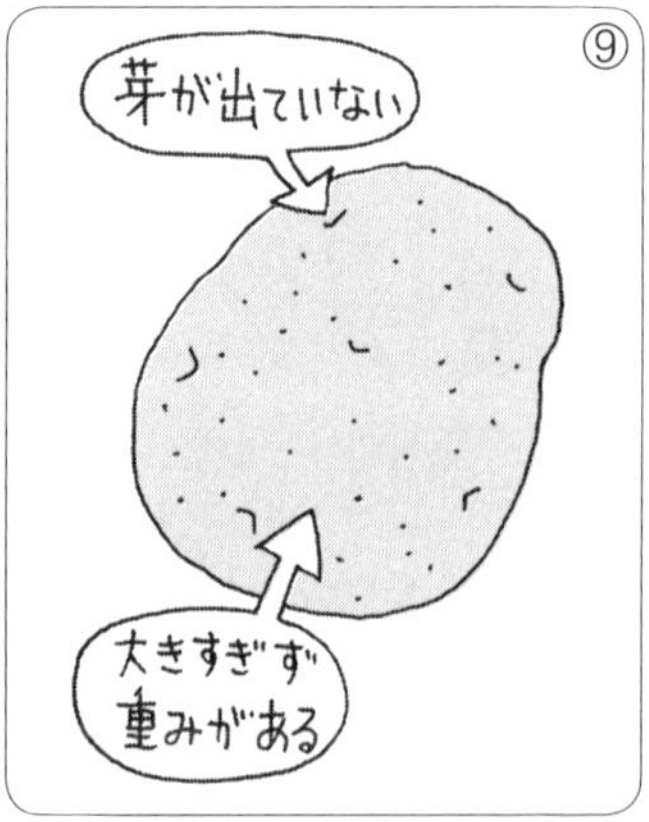
⑨
芽が出ていない
大きすぎず
重みがある

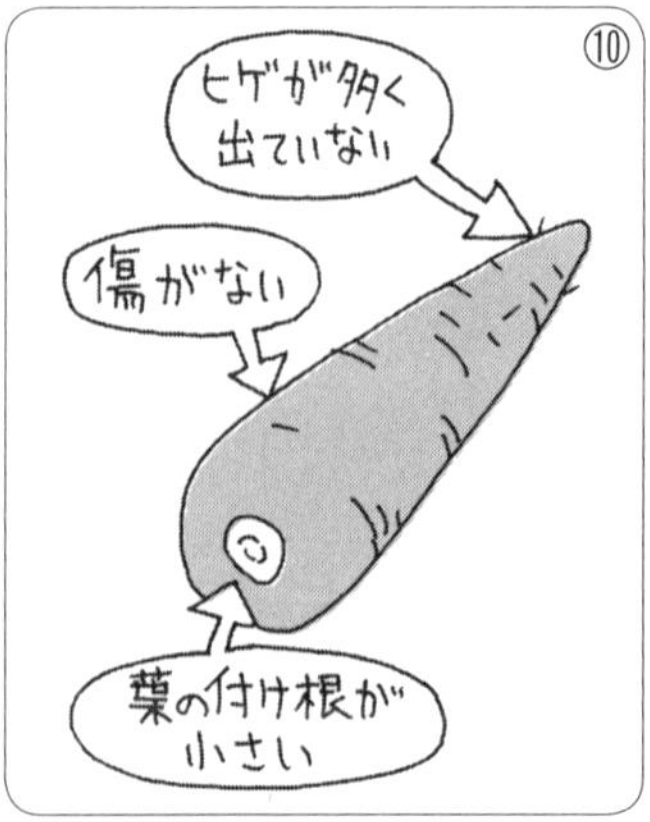
⑩
ヒゲが多く
出ていない
傷がない
葉の付け根が
小さい

野菜を上手に保存すると、お財布にも優しい！

＊買ってきた野菜は、どうやって保存する？

買ってきた素材は、できるだけ新鮮に長持ちさせたいですよね。ひとり暮らしでは、せっかく買ってきたのに食べきることができず、ついつい腐らせてしまうことも……。

食べ物を粗末にするのは、やっぱり気が引けるし、それに経済的にもマイナスです。どの食材も無駄なく、すべて使いきるためにも、上手な保存は欠かせません。

野菜を上手に保存するには、「冷蔵庫」と「冷暗所」をうまく使うことが大事です。

さあ、それでは野菜ごとに、それぞれに合った保存法を紹介しましょう。

＊野菜別、上手な保存法

①レタス、サラダ菜

保存場所【冷蔵庫】

▼丸ごと保存する場合は、芯を下にして芯の部分にぬらしたキッチンペーパーをあて、袋に入れて保存しましょう。

▼芯をくり抜いて、一枚ずつはがして保存してもよいでしょう。包丁で切ってしまうと包丁の鉄分が酸化を強めるので、手でちぎったほうが、変色しません。

②ほうれん草、小松菜、水菜、チンゲン菜などの葉物

保存場所【冷蔵庫】

▼葉の部分が立つようにし、ビニール袋かまたはジッパー付き保存袋に入れて保存します。

▼冷蔵庫で立ちにくいときは、牛乳やジュースなどの空パックに立てて入れると安定します。葉が他の食材に押されて、傷むことが少なくなりますよ。

③ きゅうり

保存場所【冷蔵庫】

▼きゅうりは、意外とデリケートで乾燥にも水気にも弱い野菜です。水気をよく拭いて、ジッパー付き保存袋に入れ、ヘタの部分を上にして立てて保存します。低温に弱いので早めに食べましょう。

④ トマト

保存場所【冷蔵庫】

▼2日くらいまでなら常温保存が可能です。ヘタを下にしてジッパー付き保存袋に入れますが、この時、重ねて入れないよう気をつけてください。トマトは重ねると傷みやすく、その部分から腐ってきます。低温に弱いので冷蔵庫に入れたら早めに食べましょう。

③
ヘタを上にして保存

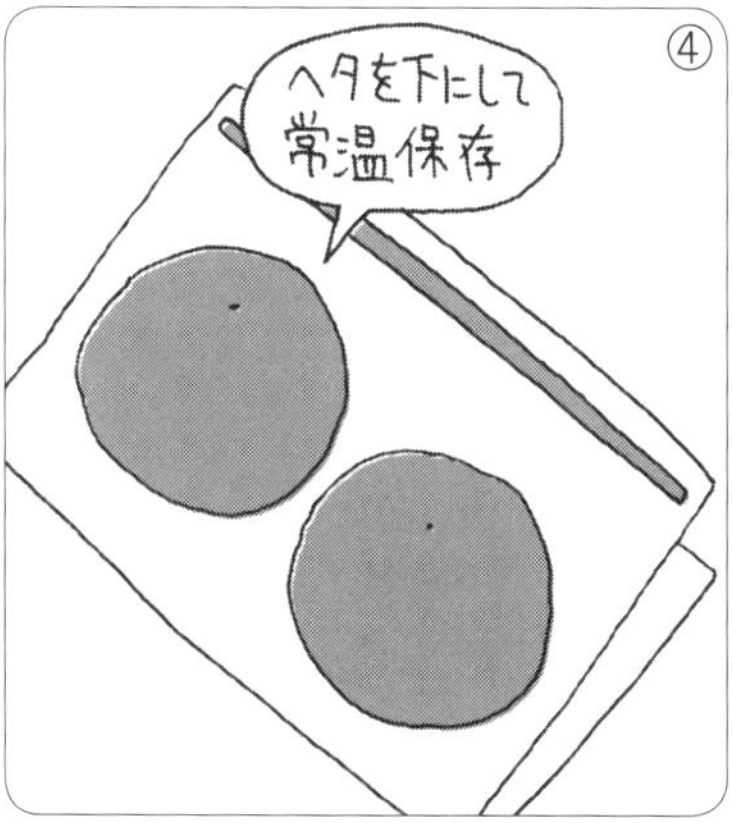
④
ヘタを下にして常温保存

⑤ しめじ、しいたけなどのきのこ類

保存場所【冷蔵庫、または冷凍庫】

▼軸がついたほうを上にして、ジッパー付き保存袋に入れ、冷蔵庫へ。長期保存する場合は、石づきを取り、小分けにして、冷凍庫へ入れます。使うときは、炒め物でも煮物でも、解凍せずに凍ったまま使えますよ。冷凍庫なら1か月を目安に使いきりましょう。

⑥ じゃがいも、さつまいも、里芋

保存場所【冷暗所】

▼イモ類は、冷蔵庫には入れず、冷暗所で保存します。じゃがいもは日にあたると、芽が出やすいので注意しましょう。じゃがいもの芽には、ソラニンという有毒物質が含まれているので、芽が出る前に早めに使いましょう。

⑤
カサを下にして冷蔵庫で保存
長期保存は石づきを取って冷凍庫へ

⑥
冷暗所に保存

⑦ **かぼちゃ**

保存場所 **【冷蔵庫・冷暗所】**

▼かぼちゃは1個丸ごとの場合は冷暗所で保存できます。カットしたかぼちゃは種を取り除き、ラップで包んで冷蔵庫で保存しましょう。

⑧ **玉ねぎ**

保存場所 **【冷暗所】**

▼風通しのよい冷暗所で保存します。湿気がこもると腐りやすくなるのでネットなどに入れて吊るして保存してもよいでしょう。カットした玉ねぎはラップで包み、冷蔵庫で保存します。

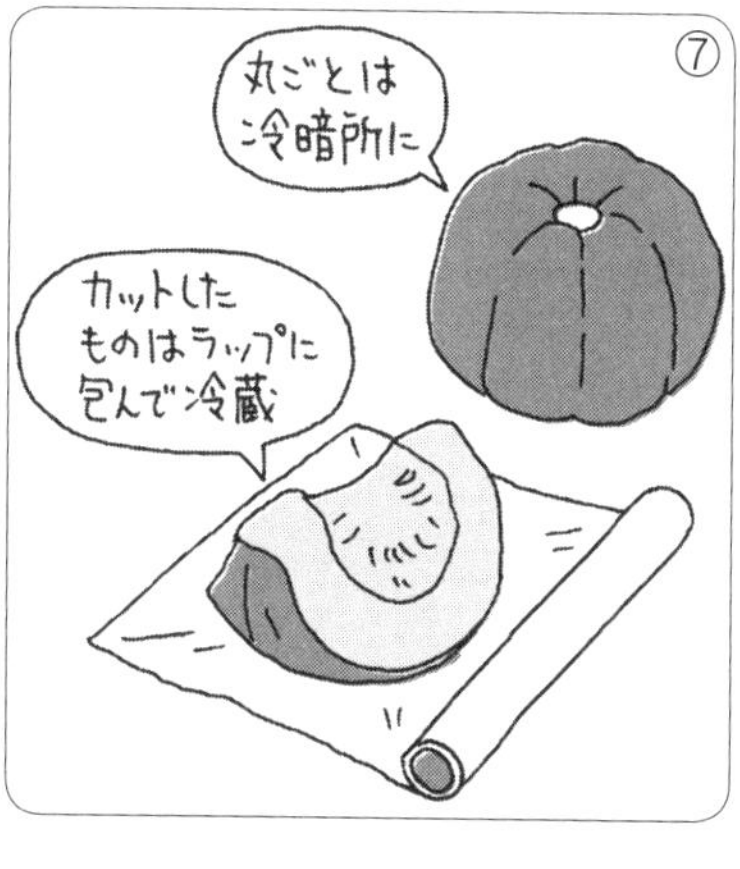

⑨ にんじん

保存場所【冷蔵庫・冷暗所】

▼乾燥と水気に弱いので、ペーパータオルに包んで、保存バッグに入れ、冷蔵庫で保存すると長持ちします。冬は新聞紙に包んで、冷暗所での保存でも大丈夫です。

⑩ 白菜

保存場所【冷暗所・冷蔵庫】

▼丸ごとで保存する場合は、新聞紙で包み、冷暗所に立てて置きます。

▼カットした場合は、ラップで包んだり、ジッパー付き保存袋に入れて、冷蔵庫で保存します。

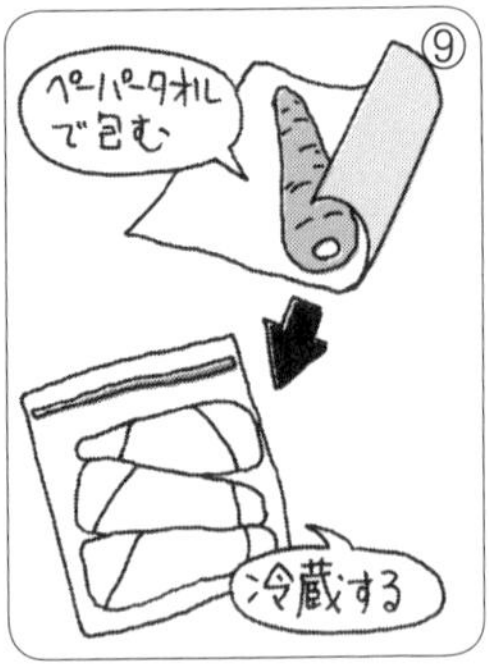

野菜は生きているので、素材によってどんな保存方法が合っているのか知っていると長持ちするし、経済的です。

野菜は育った環境に近い状態で保存すると長持ちします。葉物野菜は寝かせて保存するよりも、葉先を上に向けて立てて保存します。また、野菜の乾燥を防ぐにはラップで包むか、ジッパー付き保存バッグに入れて保存するのがおすすめです。乾燥だけでなく、においが他の素材に移ることも防げます。

活きのいい魚はどうやって見分ける？

＊自分の目でえらべば満足度が違う！

魚は何よりも新鮮さがいちばん！　鮮度が味を大きく左右します。活きのいいものとそうでないものとでは、料理に雲泥《うんでい》の差が出ます。

でも、新鮮な魚を見分けるのは難しいものです。ここでは、1尾丸ごとと切り身魚の鮮度を見極めるコツを、代表的な魚の種類別に紹介します。

お料理初心者さんは、「1尾丸ごと買うことはないわ」と思われるかもしれませんが、鮮魚売り場の店員さんにお願いすれば、調理法（煮魚用、刺身用など）に合わせて魚をさばいてくれます。さばいてもらうにしても、自分の目で新鮮なものをえらべば、満足度も得られますよ。

＊新鮮な魚をえらぶコツ

1尾の場合

① さんま

▼目は黒いものを。目の周りが赤黒いのは避けましょう。背は光沢があり青く、腹は白いものを。腹がやわらかいものは鮮度が落ちています。口先や尾が黄色く、太めのものほど脂がのって味が良いでしょう。

② さば

▼目が澄んでエラが赤く澄んでいるものをえらびます。腹が銀色に光っていて、背中の青い模様が鮮明なものほど新鮮です。

③ あじ

▼目が黒く澄んで、赤みがかってないものを。腹は銀白色で、背は青い光沢がはっきりしているものが新鮮です。ゼイゴ（尾から腹の中央に伸びている細長いウロコ状のもの）がくっきりしていることもポイント。

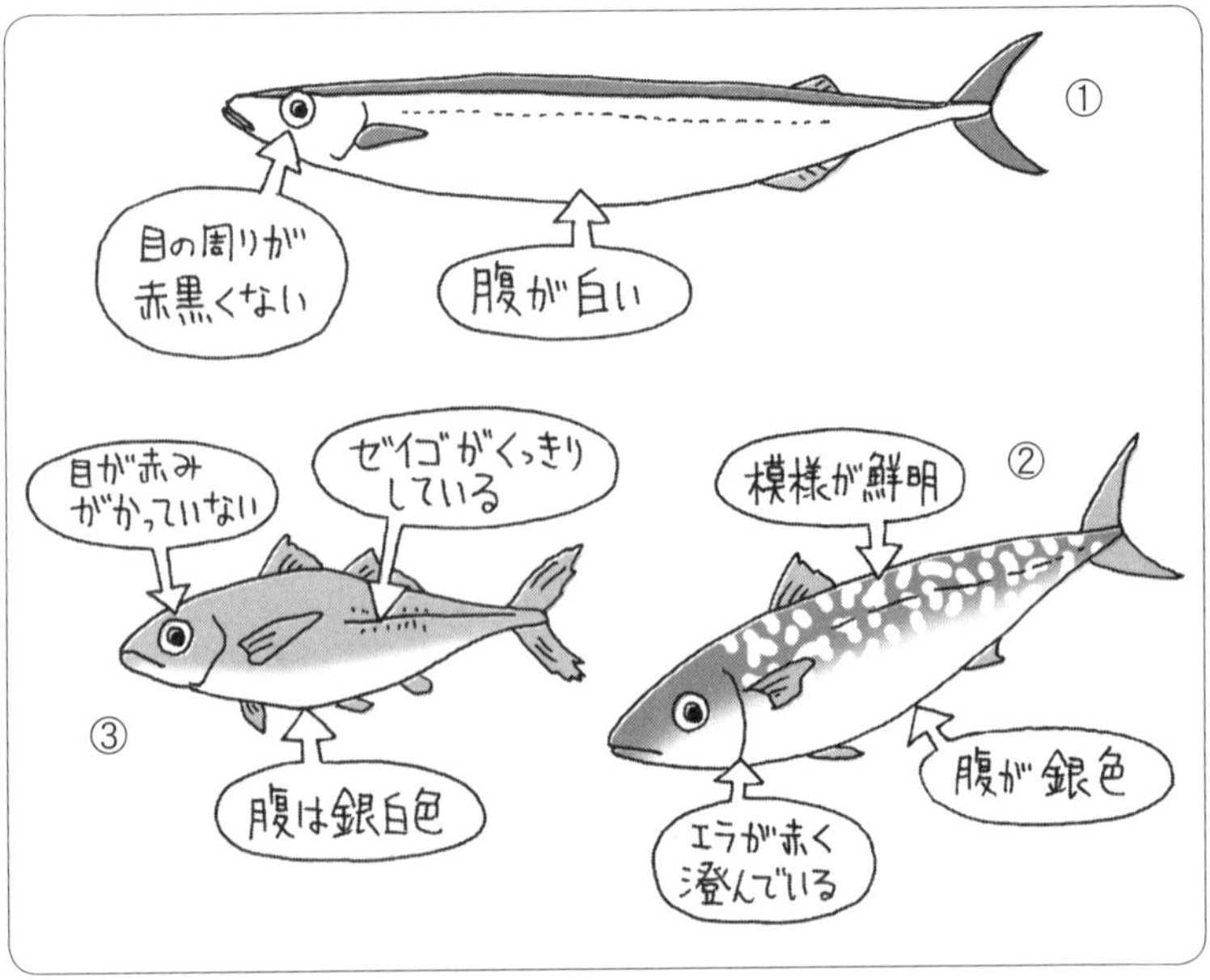

①
目の周りが赤黒くない
腹が白い
②
模様が鮮明
腹が銀色
エラが赤く澄んでいる
③
目が赤みがかっていない
ゼイゴがくっきりしている
腹は銀白色

④ **いわし**

▼黒い斑点が鮮やかなものをえらびましょう。目の周りが赤くなっていたり、身に張りがないものは鮮度が落ちているので避けましょう。

切り身の場合

⑤ **切り身**

▼切り身魚の鮮度を見極めるのは難しいですが、きほんは1尾の魚の場合と同じです。ポイントは4つです。

1▼身に弾力とつやがあるもの
2▼切り口がきれいで、だれていないもの
3▼血合いの赤みが澄んでいて鮮やかなもの
4▼加工日、消費期限、原産地を見て納得できるもの

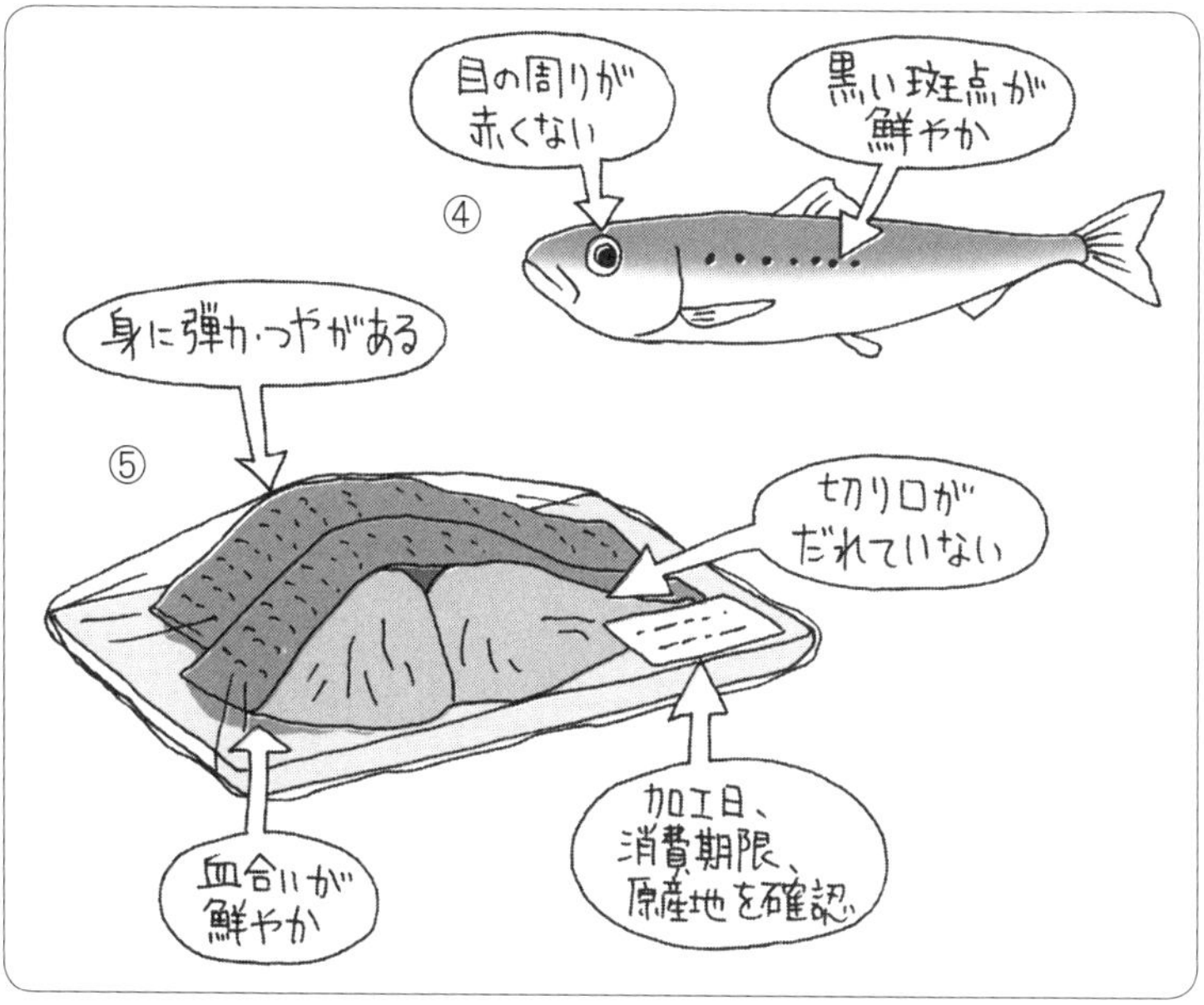

④
目の周りが赤くない
黒い斑点が鮮やか
⑤
身に弾力・つやがある
切り口がだれていない
血合いが鮮やか
加工日、消費期限、原産地を確認

＊買ってきた魚は、どうやって保存する？

魚は購入した日に料理して食べるに限りますが、すぐに食べない場合、保存するにはちょっとしたコツが必要です。保存の仕方が悪いと、においがほかの食材に移ったり、すぐに傷んだりします。ほんのひと手間で味を保つことができるので、そのポイントをお教えしましょう。

1尾の場合

①▼2〜3日なら、冷蔵保存で大丈夫です。1尾の場合はさっと水で洗い、水気をペーパータオルで拭き、塩をふってペーパータオルで包んでラップし、保存します。

切り身の場合

②▼切り身の場合もさっと水で洗った後、1切れずつ塩をふり、ペーパータオルで包んでラップし、保存します。

▼塩をふるだけで保存性がぐんと高まります。また料理もしやすくなるので、一石二鳥の効果があります。

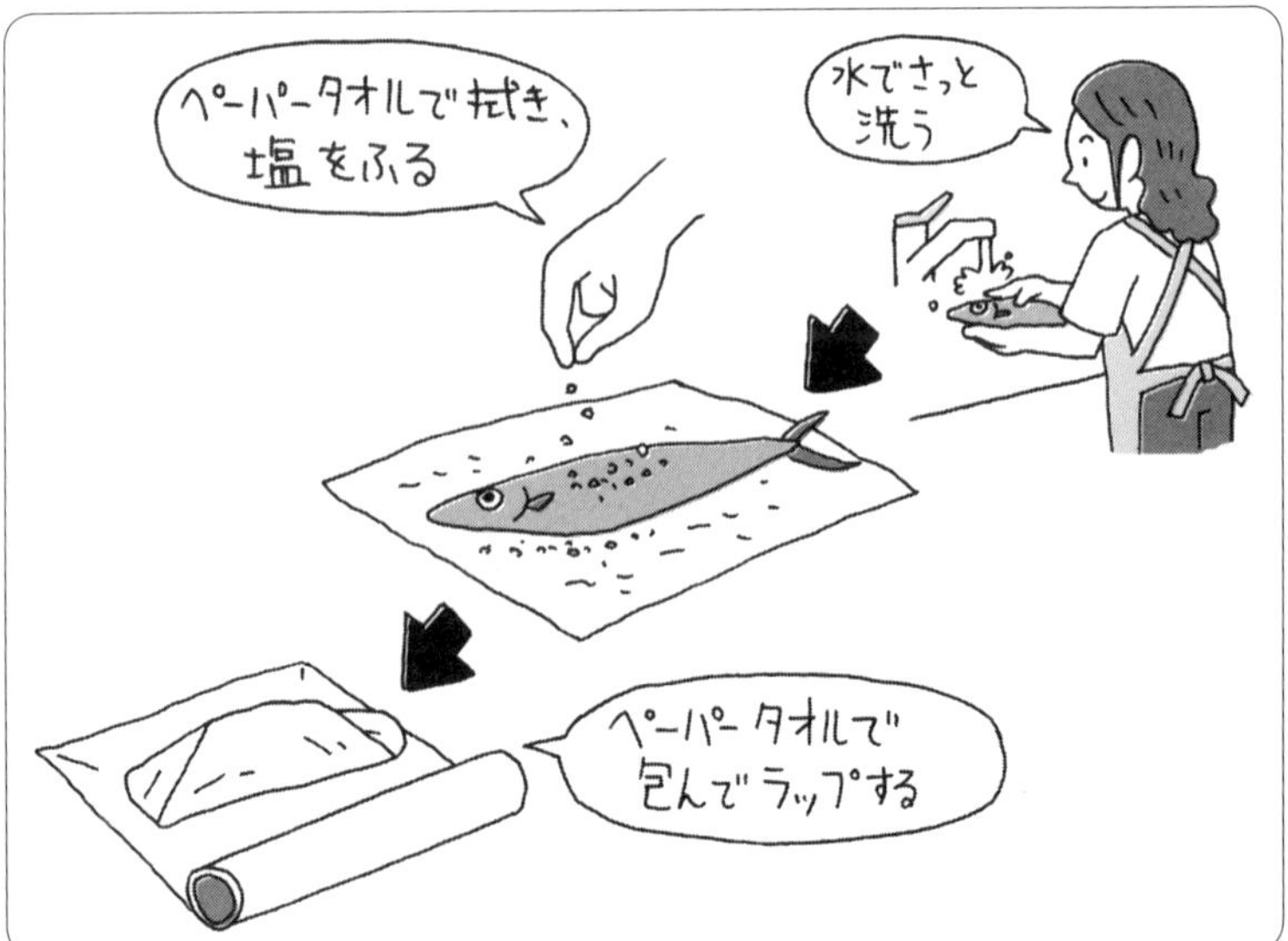

冷凍保存

③▼冷凍保存する場合は、1か月は保存可能です。冷蔵保存と同じく、水でさっと洗ったら水分をペーパータオルで拭き取り、ペーパーでは包まず、ラップに直接包んで保存用袋に入れて、冷凍します。切り身の場合も同じです。

解凍

④▼冷凍保存から使うときには、自然解凍します。自然解凍とは、冷凍庫から取り出し、常温で凍った状態から元の状態にもどすことです。料理に使う3～4時間前に冷凍庫から出しておきます。冷蔵庫で解凍する場合は、5～6時間前に移しておきましょう。

▼冷凍したままの魚をそのまま焼くと、うま味が水分とともに出てしまい、生臭さだけが残ってしまいます。

買ったときのトレーに入れたままにしておくと、生臭くなるので、きちんと下処理をして保存しましょう。

ラップに包んで冷凍
使うときは3～4時間前に出して自然解凍！

いろいろあるお肉、何を基準にする？

＊牛肉にはどんな種類があるの？

ひとくちにお肉と言っても、牛肉、豚肉、鶏肉と肉の種類も違えば、ロース、ばら肉、むね肉、もも肉など、部位によって呼び名も違います。

どれを買ったらよいのか迷ってしまいますよね。

どのお肉のどの部位が、どんな料理に適しているのか、大まかな知識があれば、肉を買うときの参考になります。

まずは牛肉を部位別に見ていきましょう。

牛肉は部位によって、かたさや風味が変わります。部位は、大きく9つに分けられます。肉質がやわらかい部位とかたい部位があり、料理方法も変わります。

牛肉、9つの部位

①**肩ロース**　やや固めで適度に脂肪があり、風味がある。すき焼き、しゃぶしゃぶなど幅広い料理に使えます。

②**肩肉（肩ばら肉とも）**　よく運動する部位なのでかためですが、煮込み料理に適しています。シチューやカレーなどに使えます。

③**リブロース**　きめが細かく、霜降り（肉の脂がほどよく混ざっている）状態のものはやわらかくて、肉そのものの風味を味わう料理に適しています。ステーキやすき焼きなどに使います。

④**サーロイン**　きめ細かく、脂肪分が少ない部位です。ステーキに適しています。

⑤**ヒレ**　他の部位に比べて、最もやわらかく、脂肪も少ない部位です。風味は軽く、ステーキに適しています。

⑥**ばら肉**　赤みと脂肪が層になっていて、濃厚な風味があります。牛丼、焼肉などに向いています。

⑦**もも肉**　最も脂肪が少ない赤身です。カレーやシチューなどの煮込み料理に適しています。

⑧**外もも肉**　かたい部位なので、ひき肉などにして売られていることが多いです。かたまりで使うならば、煮込み料理がよいでしょう。

⑨**ランプ肉**　やわらかい赤身で風味は濃厚です。ステーキ、ローストビーフなどに使います。

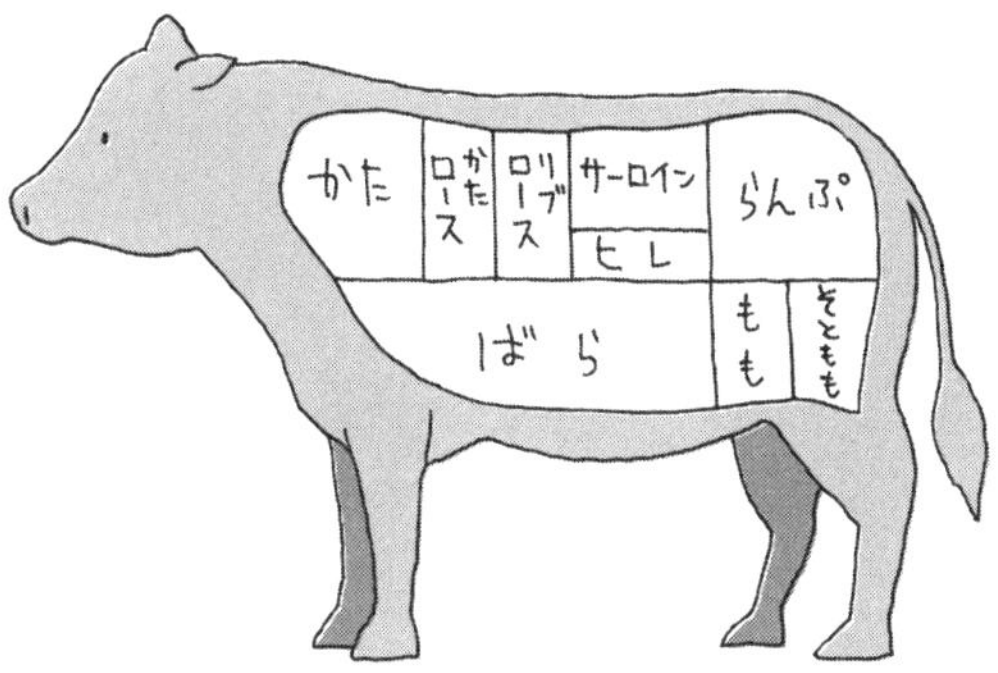

おいしい牛肉をえらぶポイント

▼**鮮やかな赤色はつやがあるものをえらびます。表面が黒ずんでいるのは避けたほうがよいでしょう。**

牛肉の保存法

▼かたまり肉はキッチンペーパーで包んでラップに包み、冷蔵保存します。2〜3日中に使いきりましょう。使いきれない場合は、薄切り肉は3〜4枚ずつ、厚切り肉は1枚ずつラップで包んで、ジッパー付き保存袋に入れて冷凍します。1か月を目安に使いきりましょう。

▼解凍するときは、厚い肉は使う5〜6時間前に冷蔵庫へ移しておきます。

＊豚肉はどんなふうに使い分ける？

豚肉は部位によって、脂の量とかたさが違います。豚肉は、大きく次の7つの部位に分けられます。

豚肉、7つの部位

① **肩肉**　ロースよりきめが粗くてかたいが、赤身が多く、煮込みやソテーなどに向いています。

② **肩ロース肉**　きめ細かくて、豚肉のうま味を感じられる部位です。ソテーや焼き肉に適しています。

③ **ロース**　やわらかく風味があり、適度に脂肪があります。とんかつ、ソテー、しゃぶしゃぶなどに向いています。

④ **ヒレ**　きめ細かくやわらかで、脂肪がほとんどないのが特徴です。とんかつが代表料理ですね。

⑤ **ばら肉**　赤身と脂肪が層になっているので三枚肉ともいわれます。ベーコンはこの部位を塩漬けにしてくん製にした保存食です。炒め物などに使います。

⑥ **もも肉**　赤身の代表的部位です。脂肪が少なくてきめ細かいので、どんな料理にも適しています。

⑦ **外もも肉**　赤身肉で味があっさりしているため、もも肉と同じように幅広い料理に合います。

おいしい豚肉をえらぶポイント

▼赤身はきれいなピンク色で、脂身は白いものを。赤身と脂身の境目がはっきりしたものが良いでしょう。

豚肉の保存法

▼空気に触れないようにラップに包んでから、保存袋に入れて冷蔵庫へ。2〜3日で使いきりましょう。冷凍庫での保存も同様に小分けにして、ラップで包み保存袋に入れます。1か月を目安に使いきりましょう。

＊鶏肉にはどんな部位がある？

鶏肉も部位によって風味が異なります。それぞれの部位を生かした料理があるので、その特徴を知れば、よりおいしい鶏肉料理が楽しめますよ。

鶏肉、8つの部位

① **もも肉**　脂肪が多く、鶏の風味があります。肉がやわらかくジューシーなので、骨付き肉も人気です。ロースト、照り焼き、から揚げ、煮物など、幅広い料理に適しています。

② **むね肉**　脂肪が少なくてやわらかく、さっぱりした味わいです。鶏肉のくさみも少なく、うま味も多く含まれています。チキンカツ、から揚げ、蒸し鶏などの料理に適しています。

③ **ささみ**　むね肉の奥の骨についている部位です。笹の葉に似ていることから、笹身《ささみ》と呼ばれます。脂肪がなくて淡白な味わいで、加熱してもやわらかいのが特徴です。チキンカツ、和え物、蒸し物などに向いています。

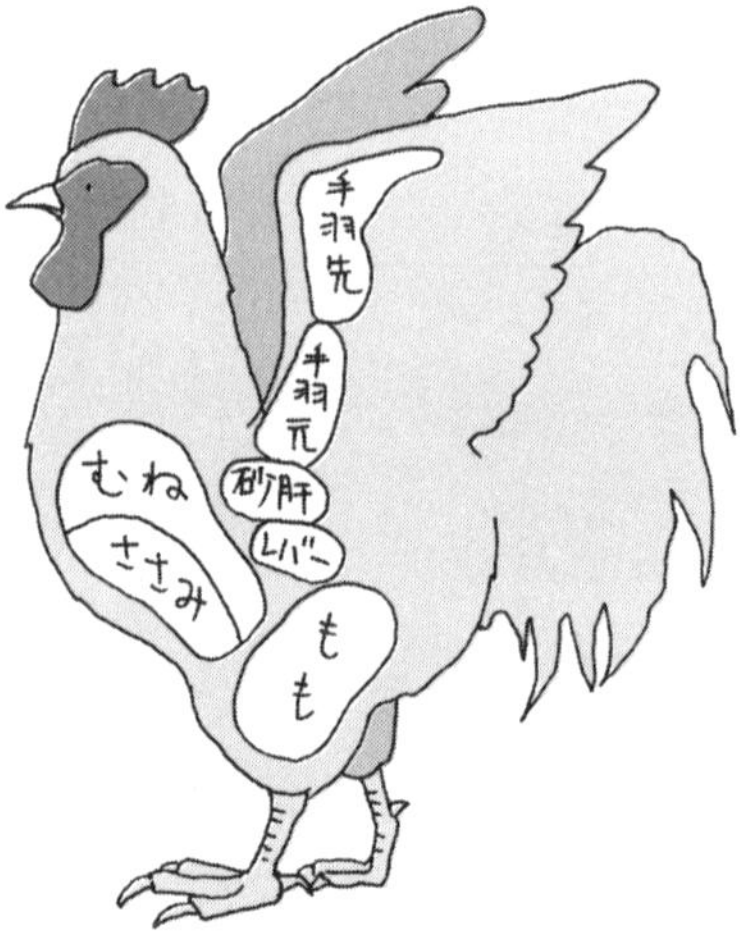

④ **手羽先**　手羽先は翼の先端の部位です。脂肪とゼラチン質があり、風味もあります。から揚げ、ス

ープ、煮物、塩焼きなどに使います。

⑤ **手羽元** 翼の付け根の部位です。ウィングスティックと言われ、揚げ物や煮物料理に合います。

⑥ **レバー** 「肝」とも呼ばれ、肝臓のことです。ビタミンA、B_1、B_2、鉄分が多く含まれています。串焼き、煮物、揚げ物に合います。

⑦ **砂肝** 胃袋の筋肉です。味は淡白で食感はコリッとした歯ごたえがあります。焼き物、揚げ物、煮物、炒め物などの料理に使います。

おいしい鶏肉をえらぶポイント

▼**色が鮮やかで光沢と透明感があるものをえらびましょう。**

鶏肉の保存法

▼冷蔵するには、身をキッチンペーパーでよく拭いて、水気を取ります。ラップに少量ずつ包み、保存袋に入れて冷蔵庫へ。保存の目安は3〜4日です。

▼冷凍保存も、冷蔵保存と同じように。冷凍保存なら1か月を目安に使いきりましょう。

買ったときのトレーに入れたままでも冷蔵保存できますが、その場合は2日くらいで使いきるようにしましょう。

お米やパンの保存法を教えて！

＊お米の保存、3つのポイント

お米にも鮮度があるって、ご存じですか？　お米も時間が経つにつれて、味も風味も落ちていきます。お米は比較的保存が効くものですが、多く買い過ぎないで、あまり時間をかけずに食べきれる量ずつ買うようにしましょう。

1▼お米の保存期間

おいしく食べるには、冬は2～3か月、春と秋は1か月、夏は3週間程度を目安に食べきりましょう。

2▼保存法

買ってきたお米は保存容器に入れ替えます。保存容器は密封できるもので、手入れがしやすいものが使い勝手が良いでしょう。

3▼保管場所

お米は「高温」「多湿」「酸化」を嫌います。しかし、キッチンには、お米が嫌うこれらの条件が揃っているんですね。冷暗所でもよいのですが、いちばんのおすすめは冷蔵庫です。一定の温度と湿度が常に保たれているので、保存期間も長くなります。

シンクの下やレンジ台の下は、高温多湿になりやすい場所なので、保管するのは避けましょう。また、夏場は20度を越えると害虫が孵化《ふか》しやすいといわれるので、高温の場所は避けましょう。

＊パンの保存、3つのポイント

パンはお米と違い、日が経つとカビが生えます。日持ちはあまりしませんが、保存法によって、味や風味を損なわずに、長持ちさせることができます。

1▼常温での保存　購入したパンは、常温で2日以内に食べるのが、いちばんおいしいとされています。買ったその日に食べられない場合は冷暗所で保存します。特に夏場は、高温多湿の場所は避けるようにしましょう。

2▼冷蔵庫での保存　すぐに食べない場合は冷蔵庫で保存します。おいしいパンの風味を味わうには、4日を目安に食べきりましょう。5日以上過ぎると、カビは生えませんが、水分が抜け風味が変わります。

3▼冷凍庫での保存　パンを長期間保存したい場合は、冷凍保存も可能です。冷凍すると、パンの水分が逃げず、カビの心配もありません。冷凍する場合は1食分ずつ切り分けてラップし、保存袋に入れましょう。冷凍期間は2週間程度。解凍は常温での自然解凍でおいしく食べられます。

フランスパンも冷凍庫での保存が可能です。食べやすい大きさに切って、ラップで包み、保存袋に入れて、冷凍しましょう。

調味料の保存法ってあるの？

＊上手な保存で、長持ちさせよう

ほとんどの方が、調味料は保存期間を気にせずに使っているのではないでしょうか。

でも、おいしい料理を作るには、調味料の保存方法も重要なポイント。上手に保存すれば、風味を損なうことなく長持ちさせることができますよ。

調味料ごとの保存法を紹介しましょう。

＊調味料の保存法

砂糖

▼砂糖は、温度や湿度の影響で固まることがあります。もし固まった場合は、保存容器の中に適当な大きさにちぎった食パン１切れを入れて、６時間ほどおくと、元のサラサラの状態に戻ります。保存容器は、湿気が入りにくい密封容器が良いでしょう。

塩

▼塩は何年経っても使える調味料です。食品衛生法などで賞味期限の表示を省略できる食品として分類されているほどです。ただし、温度や湿度の影響を受けやすいので、高温多湿の場所は避けましょう。砂糖と同様に湿気を吸うと固まってしまうので、保存

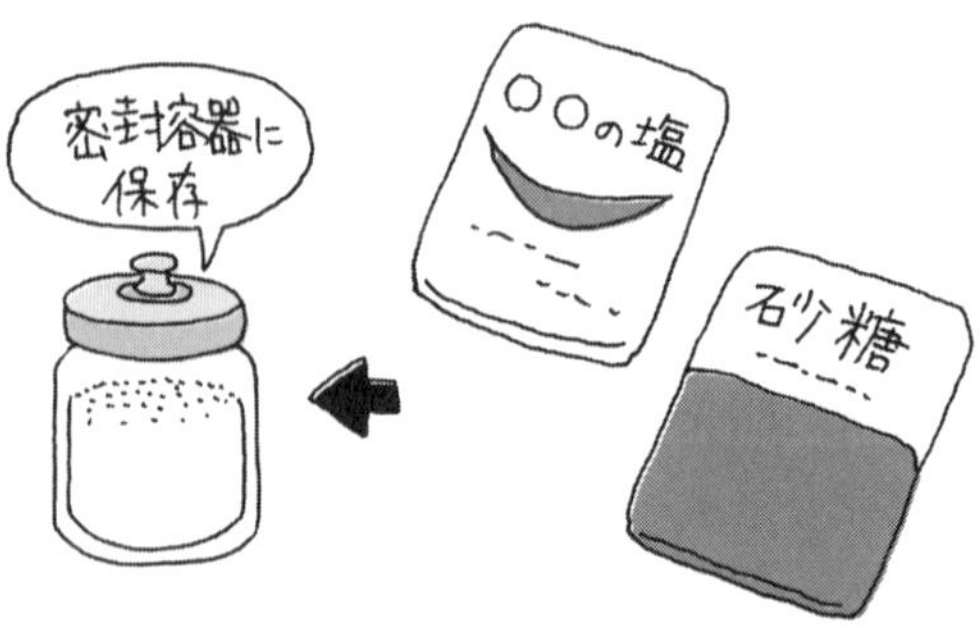

には密閉容器が適しています。固まってしまった塩は、電子レンジなどで少し温めると、元のサラサラの状態に戻ります。レンジにかける時間は10秒ごとに様子をみながら調整してください。

酢

▼酢は冷蔵庫に入れずに、常温で保存できます。できれば流し台の下などの冷暗所で保存しましょう。開封後はきちんとフタを閉め、一度ビンから出した酢は再度ビンに戻してはいけません。

醤油

▼醤油は腐ることはありませんが、空気に触れて時間が長く経つと風味が落ちます。開封後は酸化を防ぐために、冷蔵庫に保存し、1か月以内に使いきるようにしましょう。

味噌

▼味噌は、未開封でも時間が経つと色が濃くなり風味が落ちます。開封後は密封容器で冷蔵保存します。その際、味噌の表面にラップを密着させると、乾燥や酸化を防止できます。味噌の保存・保管方法として最も優れているのは、冷凍保存です。味噌は0度以下でも凍らないので、冷凍庫に入れても取り出してすぐに使えます。

マヨネーズ

▼未開封のマヨネーズは常温で保管できます。その場合は直射日光を避け、なるべく涼しい場所に置いてください。開封後のマヨネーズは冷蔵庫に入れましょう。ドアポケットに入れると便利です。マヨネーズは0度以下になると、油分が分離するので冷凍保存はできません。

開封後は
冷蔵保存
未開封は
常温保存
密封容器に入れ、
冷蔵か冷凍保存
みそ

こしょう

▼こしょうは熱や湿気が苦手なので、冷暗所で密閉保存しましょう。料理に使うときも、湯気の上から直接振り入れないで、一度別の容器に移すなどしてから使いましょう。賞味期限は長く、きちんと保存すれば粒で3年、粉末で2~3年はそのままの風味が味わえます。

油

▼油は常温で保存します。直射日光を避け、暗くて涼しいところで保存しましょう。

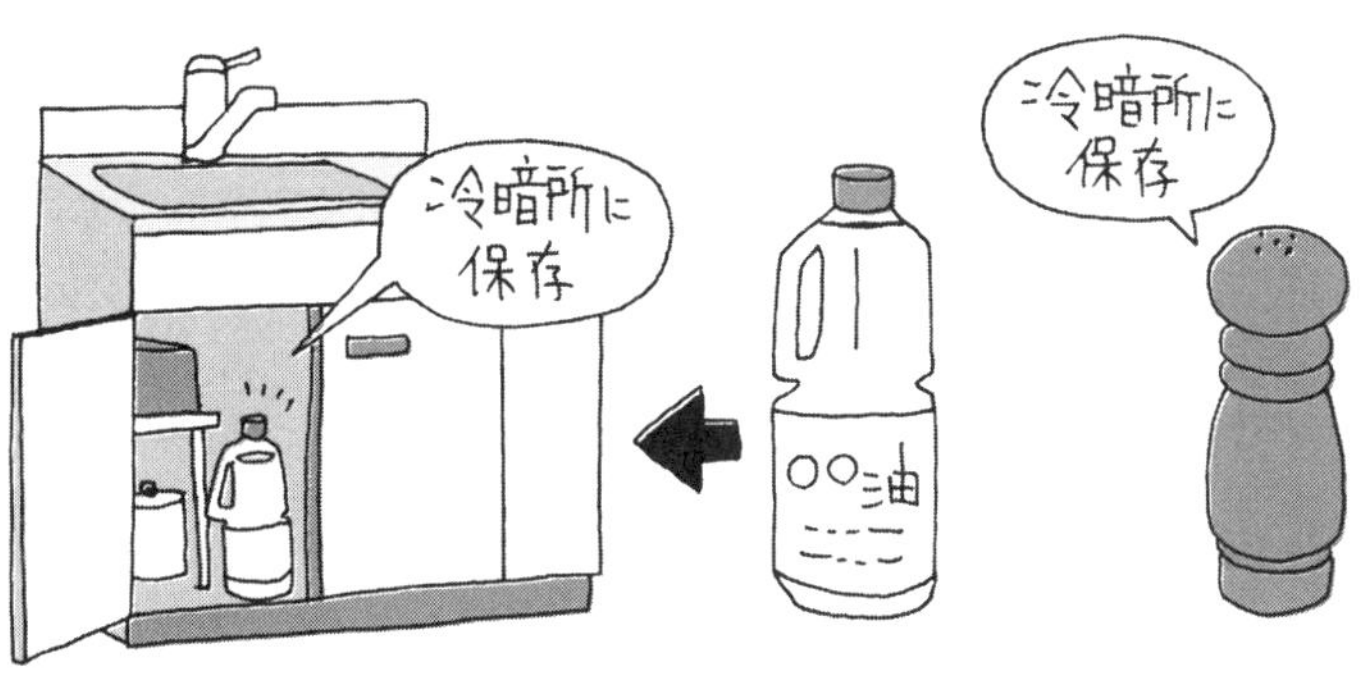

ケチャップ

▼未開封なら、直射日光を避け、常温で保存します。開封後は冷蔵庫で保存しましょう。原材料名に保存料が書かれていませんが、酢の力で1か月は保存できます。

マヨネーズ、ケチャップを保存するときは、逆さまにしておくと、容器を天地最後までムダなく使えます。

未開封は
常温保存
TOMATO
KETCHUP
開封後は
冷蔵保存

CHAPTER

5

食べ方のきほん

お箸の正しい持ち方と
お魚・お肉を美しく食べる作法

Basic of eating

上手な箸の使い方が知りたい！

＊お箸の作法

私たちは普段、何も意識せずにお箸で食事をしています。

ですが、そうした文化のない外国の人からすると、２本の棒でどうやって魚、肉、野菜、めん、デザートまで食べられるのか、不思議で仕方ない様子。

作法にのっとった箸使いはそれだけで、とても美しく見えます。ここでもう一度、お箸のきほんの持ち方、使い方を復習してみましょう。

また、昔から「してはいけないマナー」というものがあります。人に不愉快な印象を与えることから「嫌い箸」とも。最近は、教える人も少なくなってきましたが、やはりお行儀が悪いので、ここで身につけておきましょう。

箸の正しい持ち方

▼お箸は2本の棒を使いますが、それぞれ持ち方によって固定箸、作用箸と呼びます。固定箸はその名の通り、固定したままにしておく箸、作用箸は食べ物を挟むときに固定箸と連動して動かす箸です。

1▼**まずは固定箸の持ち方からです。片方の箸を親指の根元に挟みます。**

2▼**薬指を曲げ、薬指の第一関節の上で箸を支え、固定します。**

3▼**次に作用箸の持ち方。もう一方の箸を、親指の腹で挟み、下から中指の第一関節で支え、上から人さし指を添えます。**

4▼**固定箸をしっかり支えるため、薬指の下から小指を添えます。**

箸の正しい使い方

▼使うときは箸を2本とも動かすのではなく、下の箸（固定箸）はしっかり固定したまま、上の箸（作用箸）を動かします。

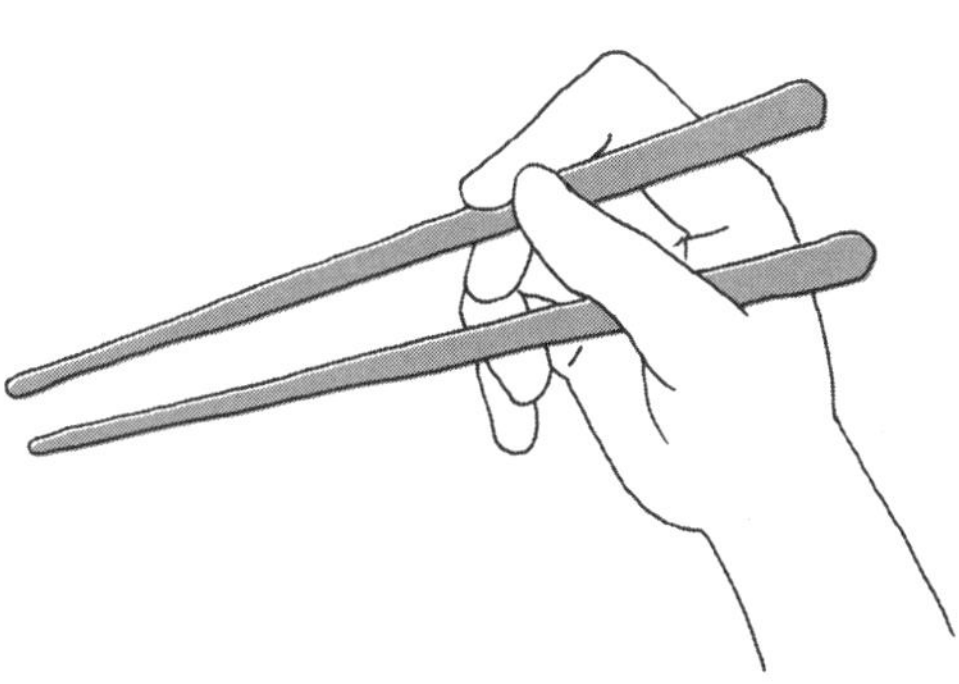

＊やってはいけない「嫌い箸」あれこれ

迷い箸——どれを食べようかとお皿の上をあちこち箸を動かすこと。
刺し箸——料理を箸で突き刺して食べること。
涙箸——箸からぽたぽたと、汁などを垂らすこと。
ねぶり箸——お箸に付いた食べものを口で舐めて食べること。
込み箸——頬張ったものを箸で無理やり口の中に押し込むこと。
くわえ箸——口で箸をくわえたまま、器を持つこと。
受け箸——箸を手に持ったまま、おかわりをすること。
寄せ箸——箸で食器を手前に寄せること。
渡し箸——箸を食器の上に渡して置くこと。「もう要らない」という意味になります。
指し箸——箸で人を指すこと。
箸渡し——ある人がお箸で挟んでいる食べ物を、別の人がそのままお箸で取ること。つまり、箸と箸とで料理をやり取りすること。
立て箸——ごはんに箸を突き刺して立てること。死んだ人にごはんを捧げるときの作法なので、厳禁。

魚にも食べ方があるの？

＊魚を上手に食べるには箸がいちばん

日本では、さんまの塩焼きなど、1尾丸ごとの魚を誰もが上手に食べますが、アメリカでは骨のある魚をきれいに食べられる人は少ないように思います。お店で売られているのも、サーモンやタラ、マヒマヒ（ハワイでシイラのことをいう）など、骨のない切り身魚だけです。

ナイフとフォークで小骨のある魚を食べるのは至難の技。お魚を食べるのには、やはり箸が向いているのですね。

魚をきれいに食べるにはコツがあります。

魚をきれいに食べる4つのコツ

① 上半分を食べる

▼頭がついている魚は、頭から尾へ、中骨にそって箸で切り込みを入れていくと、身がほぐれ、食べやすくなります。

食べ始めて、小骨を口の中で感じたら、左手で口元を隠しながら、指ではなく箸で小骨を取り出すのがマナーです。口から取り出した小骨は皿の隅に置きましょう。

② 下半分（腹側）を食べる

▼胸びれをはずし、頭から尾へ箸を入れ、食べていきます。小骨は皿の隅に置きます。

③ 上側の身を食べ終わっても、魚の身をひっくり返さない

▼頭と中骨を箸で切り離し、中骨をはずして皿の奥に置きます。これで下側の身を返すことなく、いただくことができます。

④ 下側の身を食べる

▼下側の身の腹骨をこそぐように集め、お皿の上隅に置きます。尾びれ、背びれをはずして食べ、骨や皮などは皿の一箇所に寄せておきましょう。

手で魚の頭を押さえ、骨を取る時に手を使うのはマナー違反ではありません。お魚を触ったら、おしぼりで手を拭きましょう。

③
頭と中骨を奥に

④
骨や皮は1箇所に集める

上手なお肉（ステーキ）の食べ方は？

＊ステーキにも正しい食べ方がある

みんな大好きなステーキ。実はステーキにも正しい食べ方というものがあるんですね。

「誰に迷惑をかけるわけでもないし、好きに食べたっていいじゃない」とは、私も思うのですが、正しい食べ方を知っていると、どこに行っても恥ずかしくありません。

ＴＰＯ（時――time）・（所――place）・（場合――occasion）に応じたスマートな振る舞いは、周囲の人への心遣《づか》いでもあります。

知っていて損はありませんよ。

正しいステーキの食べ方

1▼左側から切る

左側から食べる、というのが西洋料理のきほん。肉は左から切っていきましょう。

2▼食べられる大きさに切る

左手のフォークで肉を押さえて、食べやすい大きさに切ります。

3▼全部を一度に切らない

全部を最初に切ってしまうと肉汁が出てしまうので、一口ずつ食べる分の大きさに切りましょう。

《お肉の焼き加減》

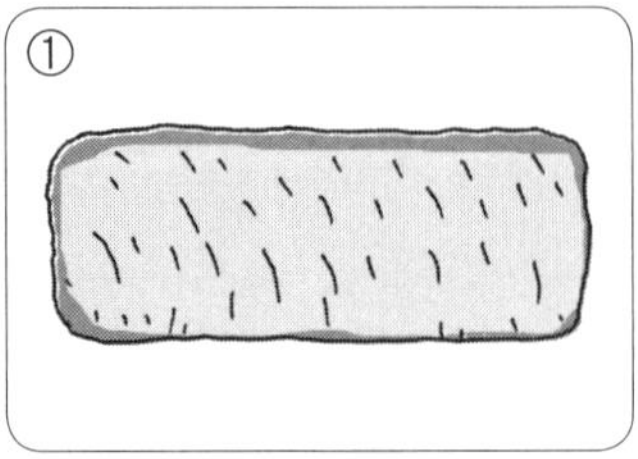

ウェルダン

① 中心部までしっかり焼けた状態。

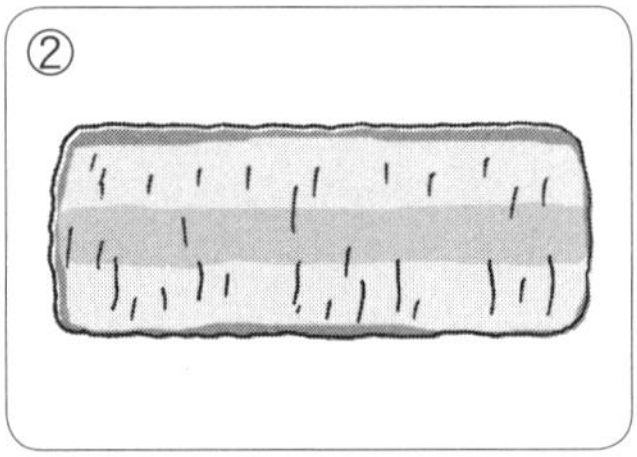

ミディアム

② 中はピンク色で、赤みがなく、中心まで温まった状態。

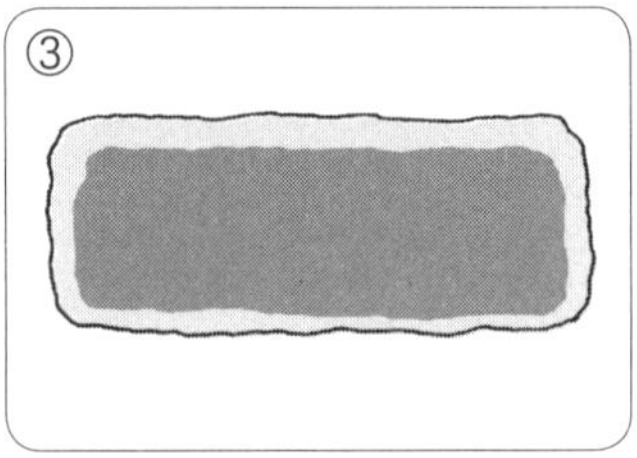

レア（ミディアムレア）

③ 中にまだ赤みが残っていて、切ると多少血がにじむくらいの状態。

お肉は焼き加減によって、呼び方が異なります。自分好みの焼き加減でオーダーするためにも、焼き方の名称を覚えておきましょう。

つけ合わせの野菜は、ステーキと交互にバランスよく食べるようにしましょう。ステーキだけを食べて、後から野菜だけを食べないように。

CHAPTER

6

後片づけのきほん

面倒な後片づけをラクにするコツ

After a meal clean-up

食器洗いの前にしておくことは何？

＊ユウウツな後片づけ、なんとかしたい

料理は作っているとき、食べるときはとても楽しい時間です。けれど、その後に必ずやってくるのが「後片づけ」です。はっきり言って、私は好きじゃないんです。

できるなら誰かにやってもらいたいのが本音です。散らかった調理道具や食器を片づけなくては、と思うと……。

「必要は発明の母」「窮《きゅう》すれば通《つう》ず」と言いますが、私の場合も同じで、後片づけが好きではないからこそ、何とかしてラクをしたい！　と考えついた６つのポイントがあります。面倒くさがり屋さん、必読ですよ。

後片づけをラクにすませる方法を紹介しましょう。

後片づけをラクにする6つのポイント

① 料理をしながら、使ったものを片づける

▼使いきらなかった肉、野菜、魚などの食材は、切ってすぐに保存します。調理道具も使わないものは、他の調理をしている空き時間に洗ってしまいましょう。

② 家族だけの場合は器の数を最低限に減らす

▼極端な話、ビュッフェのように一つのお皿にすべての料理を盛りつければ、お皿は一枚ですみます。あとは小皿を用意しておけばOK！　４人家族なら洗うお皿は最低５枚ですみます。

③ 使う調理道具を減らす

▼ゆでる、煮るなど、そのまま一つの鍋が使える場合は、鍋を使い回しましょう。私はフライパン一つで、ゆでる、焼く、炒めるまでこなしてしまいます。

一つの鍋で作る場合は、冷めてもよいもの、調理に時間のかかるものから作り始めるとよいでしょう。

①
料理の合間に！
②
使う食器を減らす！
③
洗ってすぐ使い回す！

④ **調味料・調理道具は使い終わったら、すぐ片づける**

▼「いざ食後の後片づけを」というときに気持ちをそぐのが、キッチンに散乱する調味料や調理道具の山。食べ終わった後にまとめて洗うのではなく、食べる前、使い終わったときにこまめに片づけちゃいましょう。料理後のシンクは、食器を洗うだけの場所にしておくのが理想です。何も置かれていないシンクなら、洗い物をする気持ちも高まります。

⑤ **食べ終えたら各自で食器をシンクの洗い桶に入れる**

▼「食べ終わったら、自分の使った食器は自分で洗いなさい！」と言いたいところですが、なかなかそれは難しい。そこで、水を溜めた洗い桶をシンクに用意しておき、食べ終わったら各自洗い桶に入れるようにします。これだけでずいぶんラクになります。そのとき、ついでに食卓の上に並べたドレッシングなどの小物も、しまえるものはしまってもらうとさらに気持ちがラクになります。

⑥ **まとめてお盆にのせてシンクへ持っていく**

▼来客などで食器をたくさん使ったときに役立つのがお盆です。お盆が一つあれば大きなお皿も小さなお皿も一度にシンクに運べるのでとってもラクちん。もちろん、食器を出すとき、しまうときにもお盆は大活躍してくれます。

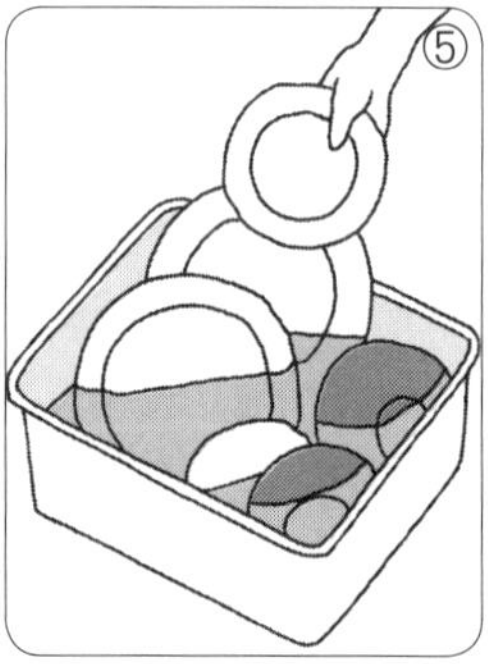

After a meal
clean-up

食器を洗うコツは？

＊イギリスの食器洗い事情

学生時代に短期間、住んでいたイギリスでは、食器洗いは、どこの家もシンクに溜めた泡だった洗剤水で洗い、泡がついたままの皿を食器立てに置いていました。この光景を見てびっくり！「泡だらけのお皿をきちんとすすがなくてもいいの？」とカルチャーショックを受けました。

このことについてイギリス人に尋ねたところ、水不足で水がたいへん貴重であること、また水が硬水のため食器に泡が残りにくいこと、洗剤は体に害がないように作られている、とのこと。水をたっぷり使ってしっかりすすぐのがあたり前の感覚だった私は、日本はなんて水に恵まれた国なのか、身をもって実感しました。

イギリスでの経験は、毎日の家事を見直すきっかけになりました。なるべく環境に優しい洗剤を使うように、また水はなるべく少なくすむよう心がけています。

食器洗いの5つのポイント

1▼お皿の汚れをとる

油汚れやソースなどのお皿の汚れは、キッチンペーパーなどで拭き取り、きれいにしましょう。

2▼洗い桶に少量（小さじ1杯弱ぐらい）の洗剤を入れ、お湯、または水を注ぎ泡立たせる

上手に食器を洗うためには、この「泡」が大事。十分に泡立てて食器を洗うと、汚れが落ちやすくなります。

油やソースを
新聞紙などで
拭きとる
洗い桶の中を
泡立たせる

3▼泡立った洗い桶に食器をつけておく

食べ終わった食器は各自でこの洗い桶につけてもらうようにします。10〜30分ほど、泡立った洗い桶につけておくと、汚れが落ちやすく、早くきれいになりますよ。

4▼小さいものから、すすぐ

流水、または大きな洗い桶にきれいな水を入れ、小さいもの（箸、スプーン、フォークなど）からすすぎに入ります。次に油汚れのない食器、油で汚れた食器の順に注ぎます。油で汚れているものは少しでも長く洗剤の中につけておくと、汚れがとれやすくなるので、最後に洗いましょう。

5▼すすいだ食器は、洗った水切りかごやラックに置く

食器と食器が重ならないように置きましょう。そのほうが早く乾いて、衛生的です。

食器に優しい拭き方・しまい方

＊手洗いなら、食器に優しい

今ではすっかり食洗機が普及して、皿洗いは機械の仕事になった感があります。洗うことから乾燥まで、すべてを一台でこなしてくれるので、あとは食器棚に片づけるだけ。すごい時代になったものです。

でも、機械は使えば使うほど電気代がかかるもの。食洗機の電気代も実は結構ばかになりません。それに、大事な食器は手洗いでという人もまだまだいます。

長く使い続けることを考えると、私のおすすめも手洗いです。丁寧に使った分だけ食器も長持ちすると思います。

そこでここでは、食器に優しい拭き方、しまい方を紹介します。

食器に優しい拭き方、しまい方

1▼自然乾燥がいちばん

ぬれたお皿は乾いた布きんかタオルで拭くという人が多いと思いますが、布が湿ってくると雑菌が繁殖したり、そもそも布の細かい糸がお皿についたりします。お皿にいちばん優しいのは、実は自然乾燥。自然乾燥は洗って置くだけなので、私たちにも手間いらずのいい方法。電気代もかからず自然にも優しい。一挙両得ならぬ一挙三得の方法なんですね。

2▼お湯ですすぐと、すぐ乾く

すすぐときに、水ではなくお湯ですすぐと、水切れが良く、お皿はすぐに乾きます。特にガラスの器やグラスは熱湯ですすぐとピカピカになります。ちなみに、洗剤で洗うときもお湯で泡立てると泡立ちが良いですよ。

3▼茶碗、汁椀の裏のくぼみも拭き忘れないように

面積の大きいところはしっかり拭くと思いますが、つい見落としがちなのが湯のみ茶碗や汁椀などの底のくぼみ。水垢の原因になることもあるので、隅々まで拭きましょう。

4▼必ず乾いた布で拭く

ぬれた布は雑菌の温床になりがちです。たくさんの食器を拭くときは、1枚ですませようとせず、こまめに乾いた布に取り替えましょう。

⚠ 熱湯を使うときは、火傷をしないようにくれぐれも注意を！

底のくぼみも
しっかり拭く

湿めってきたら
布巾を交代！

素朴なギモンQ＆A

Q：玉ねぎの皮はどこまで剥くの？

A 表面の茶色い部分が皮です。中の青みがかった部分はかたいので、取り除きましょう。

☆玉ねぎの皮は、表面の茶色い薄い部分が皮です。最初に上と下を切り落とし、それから茶色の皮を剥きます。中から厚みのある白い層が出てきますが、上のほうが青みがかった層もあります。青みがかった部分は、食べてもかたいので、玉ねぎの表面に包丁でくるりと切り込みを入れて、青い部分は取り除きましょう。

Q：お米は洗剤で洗うの？

A お米は水を吸水して、ふっくら炊きあがります。洗剤を入れると、洗剤の成分まで米が吸水してしまうので、ぜったいにやめましょう。

☆お米を研ぐときは、さっと洗うのがコツです。お米は、最初にお水を入れた瞬間から吸水し始めます。最初に米に加えた水は、研がずにすぐに流しましょう。その後、水で2～3回、さっと研ぎます。最近のお米は精米技術が進んでいるので、何度も研ぐ必要はありません。むしろ、何度も研ぐことで、うま味や風味が損なわれることもあります。洗剤で洗うと、洗剤の成分を米が吸水してしまうので、ぜったいにやめましょう。

素朴なギモンQ&A

Q：野菜は水からゆでるの？　お湯でゆでるの？

A土の中にできる野菜は水から、地面より上にできる野菜はお湯からゆでます。

☆じゃがいもやにんじん、大根、ごぼうなど、土の中にできる根菜は、水からゆでます。反対にほうれん草などの青菜やきゃべつ、ブロッコリー、さやいんげんのように地面より上にできる野菜は、お湯からさっとゆであげます。早くゆでることでシャキシャキとした歯ごたえが残り、ビタミンなどの栄養素を失わずにすみますよ。

☆また料理本には「ゆでる」とは別に「ゆがく」という表現も出てきます。

☆「ゆがく」と「ゆでる」は、いったいどう違うのでしょうか。

☆「ゆでる」というのは、食材に火を通すために水やだし汁などで煮ることです。「にんじんをゆでる」というように、しっかり加熱して火を通します。一方、「ゆがく」は、ゆでるよりも短い時間で火を通すことを指します。野菜の下ごしらえをするときによく出てくる表現です。

Q：「ひたひた」と「かぶるくらい」って、どれくらいの量？

A「ひたひた」は材料の頭が少し見えるくらい。「かぶるくらい」は材料の頭がちょうど水に浸かる状態です。

☆ 煮物などの水加減を表す言葉で、「ひたひた」といったら、鍋やボウルに入れた材料の頭が見え隠れするくらいの水分量です。かぼちゃの煮物など水っぽくならないように仕上げたいときに使います。「かぶるくらい」は、材料の頭がちょうど水やだし汁に浸かるくらい。「ひたひた」よりも多めの水加減です。

Q：「強火」「中火」「弱火」って、どう違う？

A 強火は鍋底に火が当たる状態。弱火は火が当たらない状態です。

☆ 強火は鍋の底に火が当たる状態です。中火は鍋底に火が当たるか当たらないかの火加減。そして、弱火は鍋底に火が当たらない状態をいいます。弱火よりもさらに弱いときはとろ火といいます。

☆ また、「コトコト煮込む」「グラグラ沸かす」という表現を目にしたことはありませんか？　「コトコト」は煮汁が静かに波打つ状態。中の具材はほとんど動きません。「グラグラ」は煮汁が煮立ち、中の具材が動くくらいの火加減です。

☆ 料理は微妙な火加減が料理のできを左右するので、このような多様な火加減の表現があるのですね。

デザイン……村橋雅之
イラスト……堀江篤史

アントラム栢木利美（アントラム・かやき・としみ）

日本大学藝術学部文芸学科ジャーナリズムを卒業。アメリカハリウッドへ雑誌レポーターとして渡米。帰国後、くらしデザイナーとして活躍。89年に渡米。92年、「現代《いま》を活躍する女性100人」に選ばれる。99年、『スピード・クリーニング』（ソフトバンク文庫NF）を翻訳し、スマッシュヒットに。2010年、『Green Tea Living』でアメリカで作家としてデビュー。『Green Tea Living』では、日本の古来から伝わる食べ物、健康、家事法を紹介。11年、この本がアメリカ独立系出版に贈られる最も権威あるベンジャミン・フランクリン賞を受賞。その他3つの賞も受賞。その後、フランス語版『A l'heure du the vert-un art de vivre au japon』、中国語版『生活「緑茶禅」』も出版され、世界的な広がりを見せている。『日本とアメリカ 逆さの常識』（中公文庫）、『アメリカ流知的家事79の方法』（大和出版）、『ワーキングミセスの24時』（主婦の友社）、『13歳からの家事のきほん46』（海竜社）など、家事、文化比較論、女性の生き方について多数出版。

13歳からの料理のきほん34

二〇一四年　五月　二十九日　第一刷発行

著　者＝アントラム栢木《かやき》利美《としみ》

発行者＝下村のぶ子

発行所＝株式会社　海竜社

東京都中央区明石町十一の十五　〒一〇四―〇〇四四

電　話（〇三）三五四二―九六七一（代表）

FAX（〇三）三五四一―五四八四

郵便振替口座＝〇〇一一〇―九―四四八八六

ホームページ＝http://www.kairyusha.co.jp

印刷・製本所＝シナノ印刷株式会社

落丁本・乱丁本はお取り替えします。

ISBN978-4-7593-1372-7　C0095